AF602979

ACTE I, SCÈNE X.

L'AGRAFE,

DRAME EN TROIS ACTES,

De MM. Antier,

REPRÉSENTÉ POUR LA PREMIÈRE FOIS, SUR LE THÉATRE DE L'AMBIGU-COMIQUE, LE 31 JUILLET 1837.

PERSONNAGES.	*ACTEURS.*
LORD STALBOURN	M. Cullier.
ÉDOUARD LAUNAY, chirurgien de marine	M. Albert.
CHARLES DU TREMBLE, id.	M. Armand.
DE BRICHE, greffier du procureur du roi	M. Musnier.
PRÉCIGNY, musicien	M. Gilbert.
CRANOU, forçats	M. Salvator.
PHILOMELE, forçats	M. Barbier.
SYMPHORIEN, forçats	
JEAN, infirmier	M. Garcin.
MISS FANNY MORPHETT	Mme Gauthier.
Mme PERSCOFF	Mme Saint-Firmin.
HENRIETTE, sa fille	Mlle Isabelle.
Mme SAINTE-ARNAL	Mlle Stéphanie.
Mère SAINTE-MARIE	Mlle Laure.
LOUISE, sa nièce, novice	Mlle Baubé.
MADELAINE, servante des bains	Mlle Adèle.

Le premier acte se passe à l'infirmerie de Toulon; le deuxième et troisième acte à l'hôtel des bains à Baden-Willer.

ACTE PREMIER.

Le théâtre représente une infirmerie ou une chambre de quelques lits attenant à la grande salle. A gauche, au second plan, la porte d'entrée; à droite, en face, une porte qui conduit à la pharmacie et à la cellule des sœurs. Au fond, au milieu, une fenêtre garnie de barreaux de fer.

SCENE PREMIERE.

MERE SAINTE-MARIE, SOEUR LOUISE, CRANOU, CHARLES, JEAN.

Au lever du rideau, le forçat Cranou, chargé de doubles chaînes, est renversé sur un fauteuil en bois. La mère Sainte-Marie lui soutient la tête pendant que la sœur Louise essaie de le faire boire. Charles les regarde faire.

LOUISE. Le pauvre homme ne peut desserrer les dents.

CHARLES. Il a eu le plus grand tort de se lever... Infirmier, préparez son lit, et qu'on le remette dedans. (*A mère Sainte-Marie.*) Si les crises continuent, cet homme-là n'a pas deux heures à vivre.

CRANOU, *revenant à lui pendant les paroles de Charles.* Ah! mon bon monsieur Charles, laissez-moi dans c'te fauteuil... pendant les quinze jours que vous avez été absent, vot' collègue, M. Edouard l'a bien voulu... d'mandez plutôt à mère

Sainte-Marie et à l'infirmier; pas vrai, Jean?... J' souffre moins comme ça, voyez-vous, parc' que, quand j' suis étendu dans l' porte-feuille, je m' sens à tout' minute prêt à suffoquer.

CHARLES. Eh bien! laissez-le dans le fauteuil.

LOUISE. Faible comme il est maintenant, ce serait charité chrétienne que de le débarrasser de la double chaîne dont le poids l'écrase.

CRANOU. Ah! mon major, que ça me f'rait bien du bien!

CHARLES. C'est sa faute s'il en porte si lourd!.. pendant... (*A Cranou.*) Combien de temps y a-t-il que tu es au bagne?

CRANOU. Vingt ans, mon major, et y m'y ont mis à perpétuité pour quelques malheureux petits larcins.

CHARLES. Oui, petits larcins... des vols à main armée... et demandez-lui combien de fois il s'est évadé depuis vingt ans.

CRANOU. Soixante fois, mon major..... j' n'avais pas aut' chose à faire... et on m'a repincé autant d' fois... c'est que, voyez-vous, le bâton d' ces gueux d'argousins m'en a fait éprouver des cruelles, que ça m'en a rendu infirme au superlatif.

CHARLES. Sans te faire renoncer à tes projets?

CRANOU, *aux dames.* Dam, c'était pas ma faute, mes chères sœurs charitables... j' sentais mes désirs d'être libre qui grandissaient avec l'impossibilité de les satisfaire.

CHARLES. C'est-à-dire que l'idée d'évasion chez lui était devenue une sorte de monomanie incorrigible, qui força d'avoir recours aux moyens extrêmes.

CRANOU. J'crois ben, extrêmes.... rivé à mon banc, trente livres de fer à porter... pas plus... aussi ça m'a guéri de l'envie de fuir; mais ça m'a mis dans l'état que vous me voyez.

LOUISE. Sa faiblesse ne lui permet pas même de se lever pour aller sans aide jusqu'à la fenêtre ou jusqu'à son lit, et, quand on le débarrasserait de ses chaînes, il vous est facile de voir qu'il ne pourrait faire de tentatives pour s'en aller.

CRANOU. A moins que ce ne soit dans l'autre monde.

CHARLES, *à l'infirmier.* Combien y a-t-il qu'il est à la diète?

MÈRE SAINTE-MARIE. Il y a huit jours qu'il n'a pris que des bouillons, et trois qu'il ne prend rien du tout.

CHARLES. Eh bien! sœur Louise, soit fait ainsi que vous le demandez... vous savez combien il m'en coûte de résister quelquefois à vos prières... (*A l'infirmier.*) Jean, débarrasse-le.

Jean va chercher la clef des fers et la donne à Louise, qui s'empresse d'ouvrir le cadenas.

CRANOU, *pendant cette opération, et d'une voix exténuée.* C'est un fameux bien-être, que d'être privé d' ces p'tits bijoux-là, mon major; Dieu vous l' rende, et aussi à c'te vertueuse sœur Louise, la brebis du bon Dieu, l'ange gardien des pauvres prisonniers.

Il tend ses mains.

CHARLES, *à la mère Sainte-Marie, qu'il amène en scène pendant que Louise est occupée près de Cranou.* Il a bien raison de l'appeler ange, elle en est un d'innocence et de bonté... Mais est-il raisonnable que son père, et vous, sa tante, vous l'entreteniez dans cette triste idée de soigner des malades?

MÈRE SAINTE-MARIE. Comment voulez-vous? la pauvre enfant n'a pas d'autre avenir à espérer... son noviciat expire dans trois mois.

CHARLES. Mais c'est un meurtre...

MÈRE SAINTE-MARIE. Parce qu'elle est jolie, n'est-ce pas?

CHARLES. Parce qu'elle est bonne, parce qu'elle est sage et qu'elle ferait le bonheur d'un honnête homme qui l'épouserait.

MÈRE SAINTE-MARIE. Par le temps qui court on n'épouse pas la beauté, la douceur, la sagesse, mais bien la fortune, et Louise n'a rien.... moi, sa tante, j'ai fait vœu de pauvreté; et son père, ancien capitaine en retraite, est pauvre sans avoir fait vœu de l'être... il est pauvre et souffrant... et par son âge, sur le point de passer dans un monde meilleur... Au milieu de celui-ci, que deviendrait une jeune fille isolée?.. pour éviter la misère, que ferait-elle, à moins de se déshonorer?.. il vaut bien mieux qu'elle commence avec moi l'apprentissage de cette vie d'abnégation qu'elle est condamnée à supporter.

CHARLES. Oh! si j'avais seulement un millier d'écus de rentes, mère Sainte-Marie, je vous jure par ses grands yeux noirs que cela ne serait point.

MÈRE SAINTE-MARIE. Taisez-vous, monsieur Charles, prenez garde qu'elle ne vous entende, la chère enfant... elle est résignée, ne lui rendez pas sa tâche trop difficile... je vous crois incapable de rien de mal.

CHARLES. Ah!

MÈRE SAINTE-MARIE. Mais vous êtes jeunes tous les deux, vos occupations vous rapprochent; si vous avez des yeux, elle a un cœur, et tout ce qui pourrait en altérer la tranquillité deviendrait pour elle la source d'un mal irréparable.

JEAN, *quittant le forçat.* Ah! mon Dieu! monsieur Charles, j'allais oublier d' vous dire que, pendant votre absence, un monsieur est venu deux fois vous demander.

CHARLES. Quelle espèce de monsieur?

JEAN. Ca m'a l'air d'un étranger, il a quelque chose d'anglais dans la tournure.

CHARLES. Qu'est-ce qu'il me voulait enfin?

JEAN. C'était pour une lettre qui ne devait remettre qu'à vous; il tâchera de revenir encore avant son départ, qui a lieu cette semaine, si j'ai bien entendu.

CHARLES. Je n'ai pas idée de ce que ce peut être.

LOUISE, *ayant quitté Cranou, et arrivant entre eux.* Monsieur Charles, il est bien mal, bien mal, ce pauvre Cranou; il vient de me faire entendre qu'il serait heureux, avant de mourir, d'embrasser les nommés Philomèle et Symphorien, deux anciens camarades... (*Charles fait un mouvement.*) Ecoutez, il veut leur demander pardon du mauvais exemple et des mauvais conseils qu'il a pu leur donner... Ne m'avez-vous pas dit ces paroles, Cranou?

Cranou fait un signe affirmatif de la tête, comme s'il était trop faible pour parler.

CHARLES. Je ne m'y oppose pas; mais le directeur du bagne a seul droit d'accorder cette permission... Jean, va la lui demander de la part de ces dames et de la mienne.

Jean sort.

SCENE II.

CRANOU, *à l'écart dans son fauteuil*, MÈRE SAINTE-MARIE, LOUISE, CHARLES.

CHARLES, *aux deux femmes.* Vous avez sans doute plus de monde dans les autres salles?

LOUISE. Nous n'avons personne, tous les malades ont quitté l'infirmerie depuis votre départ.

CHARLES, *désignant Cranou.* En voilà un qui va faire comme les autres, je vous le garantis, mais il passera par une autre porte.... Du reste, recevez mon compliment sur l'efficacité de vos soins...

MÈRE SAINTE-MARIE. Aidés des ordonnances et du zèle de votre ami, M. Launay.

CHARLES. Nous ne nous sommes pas encore rencontrés depuis mon retour. Est-il encore grave comme de coutume?

MÈRE SAINTE-MARIE. Vous riez de cela, monsieur Charles, c'est la preuve d'un caractère réfléchi.

CHARLES. Oh! je suis tout prêt à joindre mon éloge à tout ce que vous en penserez de favorable. C'est le plus excellent garçon, mais aussi le songe-creux le plus triste.

ÉDOUARD, *en dehors.* C'est bien, c'est bien; va où l'on t'envoie.

LOUISE. Si vous voulez vous assurer par vous-même de l'état de son humeur, le voici. Vous l'entendez.

CHARLES. Je vous demande la permission de lui dire bonjour, j'irai bientôt avec lui vous rejoindre à la pharmacie.

Il les reconduit jusqu'à la porte.

SCENE III.

CRANOU, CHARLES, ÉDOUARD.

ÉDOUARD, *entre et va à Charles.* Ah! te voilà. (*Il lui tend la main.*) Dès qu'on m'a dit que tu étais arrivé, mais que tu n'étais pas à ta chambre, j'ai bien pensé que tu te trouverais du côté de la pharmacie.

CHARLES. Chut! (*Il montre Cranou.*) Le n° 7 est levé.

ÉDOUARD. Ah! ah! le drôle tient bon... (*Il regarde.*) Mais il dort.

CHARLES. Mauvais sommeil d'un homme qui n'ira pas loin.

ÉDOUARD. Dis-moi; voyons, es-tu content de ton voyage?

CHARLES. Très-content. J'ai trouvé ma sœur dans un état de santé à faire envie. Ses joues autrefois si pâles sont vermeilles. Le mariage lui réussit tout-à-fait. C'est dommage que son mari l'emmène si loin, aux environs de Baden-Willer, du côté de la Forêt-Noire, où il a une propriété qu'il m'a beaucoup engagé à aller voir.

ÉDOUARD. Il est donc riche?

CHARLES. Riche comme je voudrais l'être, d'un millier d'écus de rente.

ÉDOUARD. Mille écus! qu'est-ce qu'on peut avoir avec ça?

CHARLES. Le bonheur, quand on sait modérer ses désirs.

ÉDOUARD. L'obscurité d'une vie monotone au fond de sa terre, où l'on fait par oisiveté une douzaine d'enfans qui finissent par manger le fonds des parens avec le revenu, et qui peuvent se plaindre encore d'avoir été jetés sur la terre pour y végéter dans la pauvreté.

CHARLES. Te voilà toujours avec tes raisonnemens...

ÉDOUARD. Vivre, c'est avoir la possession de son être, et le pauvre ne l'a pas.

CHARLES. Pauvre! Il me semble que tu n'en es pas là, ni moi non plus..... Nos études nous ont conduits à obtenir...

ÉDOUARD. Quoi? l'illustre grade de chirurgien de marine, à vingt-sept ans... Et je vois des imbéciles, ou tout au moins des êtres nuls, presque au sortir de l'enfance, posséder des charges importantes, des emplois brillans, des chevaux fougueux, des équipages magnifiques et des femmes charmantes, parce que le hasard les a fait naître fils de grands seigneurs ou de banquiers!... Et moi qui aime autant qu'eux les plaisirs et qui dépenserais plus grandement mon or, peut-être, je passerai ainsi ma vie à *manier* des mourans, je vivrai dans un entrepont de cinq pieds, ou dans une salle d'hôpital, à n'entendre que des plaintes et des blasphèmes...

CHARLES. Mon cher, avec ces grandes phrases-là on passe la vie à gémir et à récriminer contre le sort qu'on pourrait corriger.

ÉDOUARD. Oh! oh! gémir. (*Il avance sa main.*) Sous le chaton de cette bague, que j'ai achetée à un brocanteur israélite, lors de notre croisière dans la mer du sud, j'ai, tu le sais bien, de quoi corriger le sort, s'il m'oublie trop long-temps.

CHARLES. Tu veux parler de cette substance vénéneuse dont nous avons fait l'analyse d'après le système d'Orfila, de ce poison qui tue en deux minutes?

ÉDOUARD. De ce baume souverain qui débarrasse de tous les maux d'ici-bas, lorsque le poids en est trop lourd.

CHARLES. Misérables sophismes que cela, mon cher. Je ne connais qu'un mal insupportable pour l'honnête homme, mal qui ne saurait t'atteindre, le déshonneur! Oh! pour y échapper tout est permis. Aussi je suis bien tranquille sur ton compte, quoique je te voie donner, par accès, par originalité peut-être, dans les rêveries saugrenues de nos jeunes hommes. Ils ne veulent pas accepter une place dans le monde, mais la choisir, et, comme elle leur manque, le pistolet ou le poignard à la main, ils échappent à ce monde qui ne les comprend pas, qui n'est pas digne de les comprendre, comme ils disent. N'est-il pas vrai que c'est ça? A tous ces messieurs qui passent à envier la fortune le temps qu'il faudrait employer à l'atteindre, je dis, moi: Travaillez, faites comme nous. Pour ces intelligences inquiètes, toujours errant dans les espaces imaginaires, le véritable poison, c'est la paresse et l'oisiveté.

ÉDOUARD. Je ne dis pas non.

CHARLES. Sans parler des mille et une autres professions de la vie; dans la nôtre, si les Desgenettes, les Larrey, les Chaussier, les Dupuytren, avaient mieux aimé s'indigner contre les inégalités sociales qu'agrandir la science à force de veilles et de travaux, ils n'auraient point atteint le haut de l'échelle, ils ne marcheraient pas de pair avec toutes les sommités contemporaines. L'ambition est permise au talent, la fortune lui vient tout naturellement. Dupuytren avait cinq millions de fortune.

ÉDOUARD. Et il est mort sans en avoir joui.

CHARLES, *riant.* Oh! oui, tu aimerais mieux de la fortune toute faite.

ÉDOUARD. Enfin me diras-tu pourquoi je suis de ceux qui travaillent plutôt que de ceux qui jouissent?

CHARLES. Mais les jouissances, quand on les cherche où elles existent, sont de toutes les conditions. Dieu en a fait pour tout le monde, et il n'est pas encore bien prouvé que celles du riche soient les plus réelles.

ÉDOUARD. Je sais bien, on dit cela quand on n'a rien. C'est l'histoire des raisins de La Fontaine. Ils sont trop verts.... Si les riches étaient tous d'honnêtes gens encore; mais combien de misérables!....

CHARLES. De ceux-là peu meurent dans leur lit..... Nous en avons ici plus qu'ailleurs des exemples. Ce misérable qui a la chaîne au cou a été victime de ses vices immodérés... Il avait dit: Tout pour être riche! Et le bagne sera son dernier asile. Tandis que s'il eût dit comme, moi: Tout pour être heureux, et qu'il eût mis son bonheur dans l'accomplissement de ses devoirs, il fût mort dans un lit d'honnête homme, en paix avec sa conscience et avec la société qui le repousse.

ÉDOUARD. Oh! mais toi, mon ami, mon bon camarade, tu es du nombre de ces êtres privilégiés qui font aimer la vertu, parce que ta conviction est si franche, qu'elle entraîne, tandis que la probité des trois quarts des hommes ne tient qu'à la difficulté de devenir des fripons impunément.

CHARLES. Tu calomnies tes semblables, misanthrope! Heureux que tu vailles mieux que ton humeur!

SCENE IV.

Les Mêmes, JEAN, SYMPHORIEN, PHILOMÈLE.

JEAN, *en dehors*. Par ici, par ici...

Il fait entrer les deux forçats.

ÉDOUARD. Qu'est-ce que c'est?

CHARLES. Des camarades du moribond qui viennent lui faire leurs adieux.

ÉDOUARD. Jean aura l'œil sur ces deux coquins?

JEAN. Non seul'ment moi, major; mais les argousins sont arrêtés là tout près, sous le vestibule, à les attendre.

CHARLES, *à Édouard*. Allons-nous rejoindre ces dames à la pharmacie?

ÉDOUARD. Va, toi d'abord; j'ai une course d'un quart d'heure à faire en ville; après j'irai t'y retrouver.

CHARLES. A tout-à-l'heure donc.

ÉDOUARD, *lui donnant la main*. A tout-à-l'heure...

Il sort; Charles entre à la pharmacie.

SCENE V.

CRANOU, JEAN, PHILOMÈLE, SYMPHORIEN.

PHILOMÈLE, *à Cranou*. Eh bien! vieux, est-c'que ça baisse?..

CRANOU. Ah! mon pauvre Philomèle, j'crois bien... (*Il affecte de tousser très-fort.*) V'là l'commencement de la fin... (*D'une voix cassée.*) Infirmier? (*il tousse encore*) une gorgée de tisane, s'il vous plaît... (*Il met la main à sa gorge.*) J'étrangle. (*Jean va à la tête du lit prendre un verre sur la planche. Il l'emplit. Pendant ce temps, Cranou dit bas aux camarades.*) Ne vous faites pas de de mal; y croyent que je vas tortiller de l'œil... jamais; malgré la diète, je me porte comme le Pont-Neuf. (*Etonnement des forçats.*) C'est un coup monté, c'est du charlatanisme pour embêter la médecine et l'argousinade. Floués les garde-malades!... (*L'infirmier revient avec le verre de tisane.*) Merci bien, l'infirmier du bon Dieu! c'est l' dernier dérangement que j'vous causerai, mon digne homme... encore une quinte pareille, et Cranou brûlera la politesse à ce bas monde. (*Prenant une main de chaque forçat.*) Et avant j'voudrais vous dire mes dernières intentions. Attendez un peu. (*Il porte la main à son front.*) Qu'est-c'qui m'pèse donc?... Est-c'qu'il y a du brouillard... j'y vois plus clair... bien sûr qu'il y a... Ah!...

PHILOMÈLE. Infirmier, pour l'amour de Dieu... quelque chose, il va nous partir dans les mains.

JEAN. Y a là son flacon.

Il va le chercher.

CRANOU, *aux amis*. J'ai fait la frime d'être malade... vous savez comme j'ai l' truc pour me donner une fièvre de loup. D'puis quelques jours, j'ai r'fusé la nourriture, je m'soutenais seul'ment en cachette avec des vieilles croûtes trempées dans la tisane et quelques gouttes d'eau-de-vie qu'j'avais en réserve dans un p'tit pot à tabac.

PHILOMÈLE. Chut!.. (*Il va au-devant de Jean, lui prend le flacon des mains, et revient à Cranou.*) Vois donc, Symphorien... si n'y aurait pas un mouchoir ou quelque linge pour lui essuyer l'front... il a la sueur...

JEAN. Attendez, attendez... tenez-lui toujours la bouteille sous l'nez...

Il entre à l'infirmerie.

CRANOU, *aux amis*. Lorsqu'on m'laissait seul, j'm'occupais à détacher un barreau d'la f'nêtre. L'œuvre est achevée; j'ferai le mort... on m'laissera sous mon drap pendant quelques heures avant de m'faire emporter pour l'amphithéâtre... et puis... et puis... (*A Jean qui revient.*) Ah! mon brave Jean, vous avez beau faire, c'est c'te nuit que je vas décamper.

JEAN. Peut-être!

CRANOU. Ah! ça n'men effraie pas davantage! j'suis résolu! c'est ma délivrance! j'ai tant souffert qu'il m'est ben permis d'la désirer sans offenser personne... Priez l'bon Dieu, les amis, et vous aussi, l'infirmier, pour qu'elle soit prompte. (*Aux deux forçats.*) J'n'ai qu'un regret, c'est d'vous laisser après moi dans cette baraque du diable. (*Il se tord.*) Ah! tenez-moi, tenez-moi... ah! c'est là, voyez-vous, dans l'creux d'l'estomac... ah! ça m'serre, ça me monte... Ah!... la mère... sainte Marie!... l'chirurgien?

PHILOMÈLE. La sœur... infirmier... il va passer...

Jean retourne à l'infirmerie.

CRANOU, *riant*. Oui, que j'vas passer tantôt, et par la fenêtre, j'espère... et v'là l'premier instrument d'ma liberté... un ressort de montre sous ma langue. J'voulais vous l'transmettre avant de prendre le grand air, et vous jurer qu'une fois dehors j'vous fournirais tous les moyens de vous évader à votre tour, si c'était pas fait.

LES DEUX FORÇATS. Merci, merci.

PHILOMÈLE, *regardant vers l'infirmerie.* Eh vite, eh vite, les béguines!

CRANOU, *se jetant dans les bras de ses camarades.* Ah! je meurs...

SCENE VI.

Les Mêmes, MÈRE SAINTE-MARIE, LOUISE, CHARLES, JEAN.

MÈRE SAINTE-MARIE. Eh bien, nous voilà...

CHARLES, *allant à Cranou.* Voyons un peu!... (*Aux forçats.*) Prenez cet homme et transportez-le sur son lit... Jean, des synapismes.

Jean sort.

CHARLES, *aux dames.* Ce sera sans doute inutile... mais enfin...

Les deux forçats transportent Cranou; Louise soutient sa tête et lui essuie le visage; mère Sainte-Marie et Charles les accompagnent.

SCENE VII.

Les Mêmes, JEAN, UN ANGLAIS.

JEAN, *allant à Charles.* Monsieur Charles, voici la personne qui est déjà venue deux fois...

CHARLES, *s'avançant.* Ah! monsieur... (*Il le salue.*) Pardon. (*A Jean.*) Prie mère Sainte-Marie de voir s'il est nécessaire d'appliquer... (*Il revient à l'étranger.*) A qui ai-je l'honneur de parler?

L'ANGLAIS. Je suis lord Stalbourn. Je suis chargé pour vous d'une lettre qui vient d'Angleterre.

CHARLES. Si vous voulez prendre la peine de passer à ma chambre.

L'ANGLAIS. Je n'ai pas le temps, le navire n'attend plus que moi pour mettre à la voile, je ne peux plus tarder de cinq minutes, et je suis très-heureux de vous rencontrer cette fois pour vous faire quelques questions, quelque singulières qu'elles puissent vous paraître. Vous êtes garçon?

CHARLES. Oui, monsieur.

L'ANGLAIS. Vous êtes d'origine anglaise?

CHARLES. Par ma mère, qui avait une sœur dont j'ai entendu parler dans mon enfance, mais que je n'ai jamais connue.

L'ANGLAIS. Je vous ai prié d'avance d'excuser la singularité de mes questions... Avez-vous quelque fortune patrimoniale?

CHARLES. Je devrais en avoir; mais par suite d'une banqueroute, je suis réduit à mes appointemens.

L'ANGLAIS. Eh bien, jeune homme, si quelqu'un disait : Je connais une jeune personne bien élevée, de naissance honnête, riche comme vous deviez l'être, l'accepteriez-vous pour femme de la main de celui qui vous apporterait une fortune inattendue?

CHARLES. Je répondrais à une proposition pareille : Je suis sans ambition, j'ai cependant désiré quelquefois d'être riche pour enrichir une femme que j'aime et qui est pauvre. S'il faut en épouser une autre, dût-on m'apporter des millions, dès que je ne peux pas les lui offrir, je n'en ai pas besoin.

L'ANGLAIS. Cela suffit, monsieur; l'heure du départ m'appelle; adieu, portez-vous bien. Si jamais nous nous rencontrons, je serrerai avec plaisir la main d'un galant homme, (*il lui donne la main et dit en s'en allant*) qui m'aurait rendu un grand service en me débarrassant de la jeune fille que j'ai sur les bras.

Il sort.

CHARLES, *après l'avoir reconduit.* Voilà un singulier homme de lord. (*Il va pour briser le cachet de sa lettre.*) Voyons ce dont il s'agit.

LOUISE, *qui est toujours au lit, avec Jean, la mère Sainte-Marie et les forçats.* Monsieur Charles, venez donc un peu.

MÈRE SAINTE-MARIE. Je crois qu'il n'y a plus d'espoir.

JEAN, *en remuant la tête.* Ma foi!...

CHARLES, *qui a jeté les yeux sur la lettre.* Est-il possible!

JEAN, *à Louise.* M. Charles ne vous a pas entendu... (*A Edouard qui entre.*) Voyez donc, monsieur Edouard...

Édouard s'approche du lit.

SCENE VIII.

Les Mêmes, ÉDOUARD.

ÉDOUARD, *allant droit au groupe et après que Cranou vient de pousser un gros soupir.* L'infirmerie est vacante.

CHARLES, *détournant la tête.* Il est mort?

ÉDOUARD. C'est fini.

Charles continue de lire en poussant des exclamations; Louise, tombée à genoux, dit la prière des agonisans; les deux forçats restent courbés, le bonnet à la main.

MÈRE SAINTE-MARIE, *à genoux.* Mon Dieu! prenez pitié de son ame!

CRANOU, *soulevant le coin du drap, du côté des spectateurs.* De mon pauvre corps auparavant!...

Louise se relève et s'éloigne avec sa tante.

ÉDOUARD, *à Charles après avoir tâté les protubérances du mort.* Digne sujet d'études pour un disciple de Gall et de Lavater. J'avais toujours remarqué la structure de ce crâne qui depuis vingt ans couvait l'idée unique de fuir... Je veux vérifier certaines observations et éclaircir certains doutes. Jean, reconduis d'abord ces deux hommes aux garde-chiourmes, et cette nuit vous ferez transporter le cadavre à la salle des morts.

CRANOU, *à part.* Le plus souvent!

PHILOMÈLE, *à son camarade, en observant avec curiosité leur ami.* Je voudrais bien savoir s'il trouvera possibilité d'esquiver l'examen.

L'infirmier sort avec les deux forçats.

SCENE IX.

CRANOU, CHARLES, ÉDOUARD.

CHARLES, *prenant le bras d'Edouard en contemplation devant le cadavre.* Que regardes-tu donc?

ÉDOUARD. J'examine ces membres couverts de cicatrices qu'y a laissées le bâton des garde-chiourmes, et je ne peux voir sans un sentiment de pitié les restes de cet homme qui a tant souffert pendant sa vie pour briser une chaîne dont le bout pend encore à son cadavre.

CHARLES, *l'entraînant loin du lit.* Eh bien, mon cher ami, fais trève un moment à la pitié que ces restes t'inspirent, pour partager ma joie. Louise, cette charmante sœur Louise, dont je suis fou, que je méditais d'enlever plutôt que de la laisser achever son noviciat de sœur hospitalière, elle ne prononcera pas ses vœux.

ÉDOUARD. Comment cela?

CHARLES. Je la demande en mariage.

ÉDOUARD. Mais tu m'avais dit que sa tante ne se prêtait pas à cette idée!

CHARLES. Parce que je n'avais pas le sou!...

ÉDOUARD. Eh bien!

CHARLES. Eh bien, Louise sera ma femme.

ÉDOUARD. Tu as donc trouvé un trésor?

CHARLES. Trouvé, c'est le mot. Vois-tu cette bienheureuse missive, ce qu'elle m'annonce?

ÉDOUARD. Une fortune peut-être!

CHARLES. Une fortune véritable; un héritage de quatre cent mille francs par la mort d'une tante que je ne connaissais que de nom.

ÉDOUARD. Quatre cent mille francs!

CRANOU, *de son lit.* Je les donnerais, moi, pour être libre.

CHARLES. Je peux dire qu'ils sont d'autant mieux venus que je ne les attendais pas.

ÉDOUARD. Je t'en fais mon compliment bien sincère, mon cher Charles.

CHARLES. Comme nous allons être heureux! quelles bonnes et folles parties nous allons faire tous les trois!...

ÉDOUARD. Que veux-tu dire?...

CHARLES. Ne seras-tu pas en tiers dans tous nos plaisirs?.. ma bourse comme mon cœur, ma maison comme ma bourse ne te seront-ils pas ouverts? Nous resterons naturellement dans ce pays tant que le père de Louise vivra... Eh bien, tu auras ta chambre, ton couvert chez moi..... Tu acceptes, n'est-ce pas?.. c'est convenu... je le veux... et dans un mois nous serons deux à dire nous le voulons.

ÉDOUARD. Merci... merci... mon bon Charles, je n'avais pas besoin de cette faveur du sort pour avoir une preuve nouvelle de ton amitié. Merci; nous causerons de cela plus tard... va conter à Louise, à sa tante, le bonheur qui vous tombe du ciel... les bonnes nouvelles ne sont jamais assez tôt connues.

CHARLES. Ah! oui... oui...... mon cher Édouard, tu as raison... Chère Louise... elle ne voudra pas y croire!... A bientôt... mon cher Édouard, à toujours...

Il entre du côté de la pharmacie.

SCENE X.

CRANOU, ÉDOUARD.

CRANOU. En voilà déjà un de parti... qu'est-ce que l'autre va donc faire à présent?

ÉDOUARD. Quatre cent mille francs... (*Il tombe sur un siége devant le lit de Cranou.*) Il me fatiguait, il m'étourdissait de l'éclat bruyant de sa joie... Il faut que le hasard vienne lui jeter à la tête des biens qu'il ne désirait même pas... Quatre cent mille francs!.. Que ne ferais-je pas avec une pareille somme?.. les places, les honneurs, les jouissances m'arriveraient à la fois... Enfin, la fortune qui attire la fortune! Charles n'en avait pas, elle est venue le chercher... Voilà sa position faite. Et quand même je voudrais changer la mienne... oui, la changer, quand ce serait par une de ces actions que quelques hommes appellent un crime, peut-être n'en trouverais-je pas l'occasion.

CRANOU, *à part.* J'crois ben, les crimes avantageux sont rares... il faut une faveur spéciale pour les rencontrer.

ÉDOUARD *se lève et se promène rapidement.* Comment le bonheur sans la richesse?.. la richesse!.. c'est là le but... et quant aux moyens de l'acquérir, tout ne prouve-t-il pas qu'il n'y a de mauvais que ceux qui échouent? Devenir riche d'abord! tout suit de là. Faites une bassesse, et devenez riche, c'est une lâcheté d'un jour que le reste de votre vie fera oublier. Commettez un crime et devenez riche, le crime peut se nier lorsqu'on ne le justifie pas.

CRANOU, *à part.* En voilà un qui ferait bon marché de la vertu, ce me semble...

ÉDOUARD. Et voilà pourtant à quelles pensées funestes le besoin de bien-être, l'envie de briller nous pousse. L'homme qui n'a jamais failli, qui n'a reçu que de bons exemples, qui porte encore en lui le germe de tous les bons sentimens peut familiariser sa pensée avec la possibilité d'un crime.... pour être riche.... et ce fut cette pensée mise à exécution qui amena cet homme sur un lit de misère et d'opprobre où il a rendu le dernier soupir. Il est maintenant mille fois plus heureux que moi cet homme. (*Il s'approche, écarte les cheveux qui cachaient à demi le visage de Cranou et l'examine.*) La trace des passions mauvaises est encore sur ses traits flétris... Mais ses artères battent encore... (*Il prend une lumière qu'il allume au réverbère de l'infirmerie, revient au forçat, se penche sur le corps et soulève la tête jusqu'à la lampe.*) Ses paupières frémissent... ses yeux s'ouvrent tout-à-fait. (*Edouard se rejette en arrière. Cranou se redresse lentement, s'assied sur son séant, regarde autour de lui avec inquiétude, puis se glisse lestement à terre et se dirige vers la croisée. Edouard se jetant sur lui.*) Nous étions pris pour dupes! (*Il s'élance après Cranou et le saisit par le milieu du corps avant qu'il ait atteint le but. Le forçat essaie en vain de se dégager, Edouard tient bon, une lutte s'établit entre eux, et Cranou, affaibli et à moitié nu, succombe et reste sous le genou du chirurgien qui lui dit :*) Tu vois que tu n'es pas le plus fort, tu ne te sauveras pas malgré moi.

CRANOU, *après de nouveaux efforts, d'une voix suppliante.* Laissez-moi m'échapper, au nom de Dieu, monsieur Launay; que vous importe ma fuite? vous n'êtes pas chargé de me garder.

ÉDOUARD. Je le suis pendant ta maladie. Que dirait-on d'un médecin qui laisse évader ses morts?

CRANOU. On ne le saura point; et d'ailleurs on ne peut rien vous faire à vous. Laissez-moi me sauver, laissez-moi sortir. Quand je ne devrais que dépasser la porte, j'aurais été libre une minute, j'aurais fait un pas hors du bagne, j'aurais respiré l'air du dehors. Car, depuis ma dernière évasion, on ne me laisse plus sortir, vous savez bien, mon bon monsieur Launay.... je vous en prie.

ÉDOUARD. Impossible. (*Cranou fait inutilement un nouvel effort.*) Tu ne bougeras pas sans ma permission; je ne veux pas que l'on dise que tu t'es moqué de moi.

CRANOU, *frappant des bras et de la tête contre le parquet de l'infirmerie.* Je veux être libre... il faut que je sois libre. O mon Dieu! avoir souffert si long-temps inutilement! j'avais si bien réussi à paraître mort! vous y avez été trompés tous! et tout cela pour rien... pour rien! toucher au but et le manquer! oh! c'est trop! c'est trop, c'est trop.

ÉDOUARD, *à lui-même.* Son désespoir m'émeut malgré moi. (*Il le laisse plus à l'aise.*) Et pourquoi désires-tu si vivement la liberté?

CRANOU. Pourquoi? oh! vous n'avez jamais été prisonnier, vous! pourquoi je veux être libre? parce que je ne puis pas vivre ici. Je veux retourner dans mon pays avant de mourir, me chauffer au soleil de Marseille. Sachez donc! il y a vingt ans que je n'ai vu un olivier.

ÉDOUARD, *le laissant remettre sur ses genoux.* Mais tu n'es même plus assez fort ni assez dispos pour reprendre ton ancien métier; tu mourrais de faim si tu étais libre.

CRANOU. Je suis plus riche que vous.

ÉDOUARD. Toi, riche?

CRANOU. Moi.

ÉDOUARD, *avec une ironie forcée.* Tu es bien heureux.

CRANOU, *bas.* Écoutez, voulez-vous être riche aussi, vous? J'en ai assez pour deux.

ÉDOUARD. Tu me prends pour un imbécile, Cranou.

CRANOU. Je vous dis que j'ai de quoi faire votre fortune.

ÉDOUARD. Quelque vol à commettre avec toi, n'est-ce pas?

CRANOU. Non, mais de l'argent à recevoir. Aidez-moi à fuir, et je partage.

ÉDOUARD, *presque honteux d'avoir écouté.*

Garde tes contes pour quelque autre, reviens à la salle, et que cela finisse.

Il le laisse relever mais lui tient encore les deux mains.

CRANOU. Que faut-il donc pour vous persuader?

ÉDOUARD. Montre-moi ton trésor.

CRANOU. Je ne l'ai pas ici; vous savez bien que je ne puis l'avoir; mais laissez-moi m'évader, et je jure devant Dieu que vous en aurez votre part.

ÉDOUARD. Je la regarde comme reçue. Allons, drôle, viens te faire ressouder à ta chaîne.

CRANOU, *pousse un gémissement, réfléchit un moment, et se redressant tout-à-coup.* Ecoutez-moi. (*Edouard, frappé de son accent, ne peut cacher son saisissement.*) Promettez-vous de me laisser fuir si je vous prouve que je ne mens pas?

ÉDOUARD. Voyons cela.

CRANOU. Me le promettrez-vous?

ÉDOUARD. Je ne risque pas beaucoup, je suppose.

CRANOU. Jurez alors.

ÉDOUARD. Soit, je te le jure.

CRANOU. Eh bien! sur la grève Saint-Michel, dans la partie nord du rocher de l'Irglas, au fond d'un trou, à six pieds de terre, j'ai caché, il y a dix ans, une cassette qui contient quatre cent mille francs de billets de banque.

ÉDOUARD. Et d'où te venait cette cassette?

CRANOU. D'un voyageur que nous avons assassiné sur la grève même.

ÉDOUARD. Misérable!

Il le repousse et reste dans ses réflexions.

CRANOU, *l'examinant, se relevant peu à peu et remontant jusqu'à lui mystérieusement.* Quatre cent mille francs! c'est de quoi être riche à deux, j'espère. Si vous le voulez, la moitié de la somme est à vous.

ÉDOUARD, *secoue la tête et après un silence.* Il n'y a qu'une petite difficulté à tout cela... c'est qu'il y a dix ans tu étais déjà au bagne.

CRANOU. Il y a dix ans j'étais en fuite avec Martin. Nous fîmes le coup ensemble sur la grève et nous cachâmes la cassette de peur d'être poursuivis. Mais la gendarmerie était à nos trousses, elle nous atteignit à deux lieues de là; le lendemain Martin fut tué en se défendant; on me ramena au bagne, et je suis resté seul connaissant le dépôt.

ÉDOUARD, *qui avait d'abord affecté l'indifférence, avait fini par écouter le forçat avec une attention avide. Il reste pensif, et, sortant de sa préoccupation, rougit en rencontrant le regard de Cranou, et essaie de dire d'un ton léger.* Ton roman est bien inventé, mais il est vieux... on ne croit plus guère aux trésors cachés. Cherche-moi une autre histoire.

CRANOU, *tressaillant.* Vous ne me croyez pas?

ÉDOUARD. Je crois que tu es un habile coquin, qui aime à exercer son imagination.

CRANOU, *presque à genoux.* Monsieur Launay, la cassette est dans un trou de l'Irglas; je suis sûr de la retrouver en la cherchant.

ÉDOUARD, *l'entraînant.* Je t'en exempte.

CRANOU. Monsieur Launay, vous aurez les deux tiers... je vous donnerai les deux tiers.

ÉDOUARD. C'est assez...

CRANOU. Et tous les bijoux.... car il y a aussi des bijoux.

ÉDOUARD. Assez, te dis-je; pas un mot de plus, lève-toi.

CRANOU, *avec un cri de rage et se laissant tomber à terre.* Je ne me lèverai pas; que l'on m'emporte d'ici, je ne ferai pas un pas. Oh! il ne veut pas me croire.... Monsieur Launay, c'est vrai pourtant... et n'avoir pas la cassette là!... Impossible de prouver que je mens pas!... Rien que dix lieues entre elle et moi, entre le bagne et la richesse. Monsieur Launay, monsieur Launay, vous vous en repentirez... Oh! il ne veut pas me croire!..

Et il se roule à terre fou de désespoir.

ÉDOUARD, *l'examinant.* Que croire, en effet, mon Dieu! ses paroles ont un accent de vérité... Mais accepter... et si l'on était pris pour dupe... oh! la honte d'une pareille connivence... non, non, c'est impossible, il faut en finir.

Il s'approche de Cranou, et, le prenant sous le bras, essaie de le soulever pour le transporter lui-même à la salle; Cranou résiste; Edouard, voyant ses efforts inutiles, repousse violemment le forçat, sort, ferme sur lui la porte à double tour et va chercher du monde.

SCENE XI.

CRANOU, *seul, se relevant.*

Ah! tu n'en veux pas ta part... c'est une mauvaise, une fausse honte qui te retient... l'éducation, comme a dit ton ami Charles. Je garderai tout, et je m'échapperai malgré toi. La nuit est obscure. (*Tout en parlant, il a enlevé les draps de son lit, les a noués, s'est approché de la fenêtre, a enlevé le barreau coupé; il attache les draps aux autres barreaux, revient souffler le ré-*

verbère et retourne se lancer au dehors en s'écriant.) Cette fois, c'est pas pour rire... c'est mon va-tout que je fais ici... le grand va-tout de la vie. En avant, pas accéléré, marche. Adieu la baraque.

Il disparaît.

SCENE XII.

ÉDOUARD, JEAN, *des* GARDE-CHIOURMES, *arrivant, d'un côté*, CHARLES, LOUISE, MÈRE SAINTE-MARIE, *arrivant de l'autre.*

La porte extérieure est ouverte.

ÉDOUARD, *entrant le premier.* Des lumières!... le coquin a soufflé la lampe. (*On entend repéter : des lumières!... des lumières!...*) Prenez garde qu'il se glisse et disparaisse au milieu de vous.

CHARLES. Qui donc?

ÉDOUARD. Notre mort, qui n'est pas mort.

TOUS. Pas possible. (*Les lumières arrivent.*) Où est-il?

ÉDOUARD. Dans quelque coin... cherchez partout.

On regarde sous les lits, derrière les rideaux.

CHARLES. La fenêtre!..

A ce moment, un coup de feu retentit, un cri perçant se fait entendre; tout le monde se précipite vers la croisée, la cloche sonne, le tambour bat; Jean fait voir le barreau détaché, les draps suspendus. Pendant que chacun regarde avec curiosité, les deux forçats qui étaient venus faire leurs adieux à Cranou paraissent avec le malheureux dans leurs bras.

ÉDOUARD, *l'examinant.* Dans sa lutte contre la captivité, le misérable est tombé bravement sur le champ de bataille.... la balle a frappé droit au cœur. Après tant de peine, c'est dommage!.. (*examinant le cadavre et répondant à sa pensée*) non....... c'est heureux.

FIN DU PREMIER ACTE.

ACTE DEUXIEME.

Le théâtre représente une salle commune aux habitans de l'hôtel des Bains. Au fond, le jardin, la grille d'entrée et des montagnes à l'horizon.

SCENE PREMIERE.

Mme PERSCOFF, HENRIETTE, Mme SAINT-ARNAL, DE BRICHE, PRÉCIGNY, BAIGNEURS *et* BAIGNEUSES.

Mme Perscoff, Henriette et une autre dame, travaillent à droite sur le devant de la scène, assises d'abord autour d'un petit guéridon. Précigny à l'opposé entasse des cahiers de musique sur une console. De Briche debout lit attentivement le journal. Quelques-uns jouent, dessinent ou se promènent de la salle au jardin.

Mme SAINT-ARNAL, *debout, à Henriette.* Qu'est-ce que vous chiffonnez donc là, ma belle petite Henriette?..

HENRIETTE. Des nœuds de robe, madame, pour le bal de ce soir.

Mme SAINT-ARNAL. Ah! c'est vrai, le propriétaire des bains nous donne à danser; c'est très-galant de sa part. (*Elle passe auprès du musicien.*) M. Précigny met en ordre les partitions pour son concert de demain?

PRÉCIGNY. Oui, madame.

HENRIETTE, *à sa mère, à demi-voix.* Maman, prenez-vous des billets pour le concert de M. Précigny?

Mme PERSCOFF, *de même.* Taisez-vous; M. de Briche nous en offrira comme la dernière fois.

HENRIETTE, *de même.* Il me regarde toujours si drôlement, ce M. de Briche, que je n'ose lever les yeux!

Mme PERSCOFF, *de même.* Laissez-le faire, ces regards-là finiront par une demande en forme.

HENRIETTE. J'aime mieux les politesses de M. Edouard Launay.

Mme PERSCOFF. Et moi aussi... mais le greffier du procureur du roi n'est pas un homme à dédaigner.

HENRIETTE, *de même.* C'est qu'il est bien laid, et puis il a un œil qui tourne, c'est effrayant!..

Mme PERSCOFF, *de même.* La première fois... oui... ça paraît... mais on s'y habitue... tant que défunt le conseiller votre père, M. Perscoff, qui n'avait qu'un œil, et un tout petit œil, m'a fait la cour... ah! mon Dieu!.. disais-je, un borgne!.. quelle horreur!.. eh bien, après le mariage je n'y pensais plus... Tout le mérite d'un homme n'est pas dans les yeux.

HENRIETTE, *de même.* C'est bien heureux quand il les a de travers.

PRÉCIGNY, *se levant.* Me voilà en mesure!..

Mme SAINT-ARNAL. Vous avez donné quatre beaux concerts à Londres la saison dernière?

PRÉCIGNY. Oui, vraiment; j'avais les deux premiers talens de Paris, Nourrit et Mme Damoreau.

Mme SAINT-ARNAL. J'y étais, je les ai entendus. Au dernier la parure de topazes de Mme Damoreau venait de moi.

Mme PERSCOFF. Vous faites donc du commerce, madame Saint-Arnal?

Mme SAINT-ARNAL. J'ai beaucoup d'objets d'art et de luxe... qui sont de défaite... et lorsqu'ils font envie....

PRÉCIGNY, *riant.* C'est... la commission en grande dame...

Mme SAINT-ARNAL. Pour occuper mes loisirs... On voyage, on vit... bien... on s'amuse, et tous frais faits on a encore de fort jolis bénéfices.

Mme PERSCOFF. Il n'y a que les maris qui pourraient trouver à redire,..

Mme SAINT-ARNAL. Je suis veuve.

PRÉCIGNY. D'officier supérieur.... je crois?

Mme SAINT-ARNAL. Non, d'intendant militaire mort pendant le siége d'Anvers.

Mme PERSCOFF. D'un coup de feu?

Mme SAINT-ARNAL. D'un coup de sang... après un repas de corps.

On rit.

PRÉCIGNY, *riant aussi.* C'était un fricoteur. (*Allant frapper sur l'épaule de M. de Briche.*) Il y a donc bien des choses dans le journal d'aujourd'hui, mon cher magistrat?

DE BRICHE. Rien de nouveau!

Mme PERSCOFF. Annonce-t-il la venue de quelques jeunes gens de famille?

DE BRICHE. De nouveaux visages seraient bien venus pour nous distraire, car ce que nous avons d'étrangers en hommes est d'une grande monotonie... pour ne pas dire plus...

PRÉCIGNY. Trop honnête!

DE BRICHE. Vous savez bien que je ne parle pas de vous...

Mme PERSCOFF. Ni de M. Édouard de Launay, j'espère? un homme d'esprit, de belles manières, un grand train... qui doit avoir une fortune considérable...

HENRIETTE. Sa figure est très-distinguée!..

DE BRICHE. Distinguée... à la première vue... mais il ne supporte pas l'examen; en outre, je vous dirai que je me défie toujours...

PRÉCIGNY, *riant.* C'est votre état.

DE BRICHE. Non, sans plaisanterie, je me défie de ces dandys qui nous viennent, Dieu sait d'où, mystérieusement enveloppés... dans une position... on ne sait trop laquelle...

Mme PERSCOFF. Vous y mettez de la prévention. Ah! si vous parliez de cette soi-disant Anglaise qui se fait appeler miss Morpheth... et qui laisse tomber sur M. Édouard des tours d'yeux si languissans, oh! celle-là, je vous la livre. Convenez qu'il y a quelque chose d'étrange dans sa conduite... d'abord venir aux eaux seule avec une espèce de gouvernante, à quoi cela ressemble-t-il?...

PRÉCIGNY. Les Anglaises voyagent souvent ainsi seules.

DE BRICHE. Avec leurs amans.

Mme SAINT-ARNAL. C'est dans les mœurs.

Mme PERSCOFF. Elles sont jolies les mœurs!..

DE BRICHE, *se ravisant.* Au fait, qui sait ce que c'est que ce M. Burns qui la suit partout...

Mme PERSCOFF. Oui, ce monsieur à cheveux gris qui est venu la joindre trois mois après son arrivée, quand la coquette avait déjà tourné la cervelle de M. de Launay... un homme si bien, et qui aurait pu faire le bonheur d'une jeune personne bien élevée...

PRÉCIGNY, *en riant.* Comme Mlle Henriette.

DE BRICHE. Mademoiselle n'attend après les hommages de personne.

Mme SAINT-ARNAL. On ne les attend pas mais on les reçoit.

DE BRICHE, *à Mme Perscoff.* Voudra-t-elle m'accepter pour la première contre-danse ce soir, mamzelle Henriette?

HENRIETTE, *après avoir regardé sa mère faisant un signe d'adhésion.* Monsieur!..

Mme PERSCOFF, *bas à de Briche.* Elle accepte avec plaisir. (*Regardant en dehors.*) Ah ! mon Dieu ! le voilà !

DE BRICHE. Qui donc?

Mme PERSCOFF. M. de Launay.

Mme SAINT-ARNAL, *à Précigny*. La vieille est folle de ce monsieur, elle n'a que lui dans la tête.

PRÉCIGNY, *de même*. Oh! oh! pas pour elle.

Mme PERSCOFF. Tenez, le voyez-vous, là-bas.... qui marche lentement, la tête baissée.

DE BRICHE. Comme un coupable... vous ne lui trouvez pas l'air sombre d'un homme inquiet?

Mme PERSCOFF, *avec humeur*. Vous ne savez ce que vous dites.... taisez-vous... s'il vous entendait...

PRÉCIGNY, *à part, à Mme Saint-Arnal*. Voilà le fonctionnaire à la baisse.

SCENE II.

Mme PERSCOFF, HENRIETTE, DE BRICHE, PRÉCIGNY, Mme SAINT-ARNAL, LAUNAY, *entrant préoccupé sans voir personne.*

Mme PERSCOFF, *bas à Henriette*. Si par hasard il nous revenait?

HENRIETTE, *bas à sa mère*. Je ne danserais pas ce soir avec M. de Briche?

Mme PERSCOFF, *de même*. Nous verrons ça...

LAUNAY, *à lui-même*. Ce sir Burns est mon mauvais génie... depuis l'arrivée de cet homme, miss Fanny, auparavant si bienveillante, si tendre, semble obéir à je ne sais quelle puissance secrète qui la force à m'éviter... Quel est-il cet homme?... quels sont ses droits... je veux le savoir... il faudra qu'il s'explique ouvertement.... je le veux...

Tout en avançant, il se trouve presque en face de Mme Perscoff.

Mme PERSCOFF. C'est un heureux hasard, monsieur Launay, que de vous avoir parmi nous dans la journée.

LAUNAY, *levant vivement la tête*. Oh ! madame, je vous demande pardon, je n'avais pas l'honneur de vous voir... votre santé..?

Mme PERSCOFF. Vous êtes bien bon... grâce à l'air pur que l'on respire ici, j'espère me débarrasser de mes rhumatismes.

PRÉCIGNY, *à Mme Saint-Arnal*. Son véritable rhumatisme, c'est sa fille!

LAUNAY, *montrant le journal que tient de Briche*. Est-ce que j'aurais interrompu la lecture que monsieur faisait à ces dames?

DE BRICHE. Non, monsieur, je lisais pour moi seul.

PRÉCIGNY. Et il avait raison... il n'y a rien d'original ou d'effrayant... le crime ne donne pas du tout à cette époque... ces temps derniers... je n'ai pas rencontré un seul de ces rudes assassins au visage sombre et féroce... même dans la *Gazette des Tribunaux*.

DE BRICHE. D'abord, sombre et féroce, ce n'est plus cela ; maintenant l'assassin a la figure douce et riante... le voleur va aux Bouffes, à l'Opéra en hiver, va prendre les eaux en automne ; il porte des gants jaunes et des fracs à la dernière mode... on le prendrait pour un honnête homme... il fait même sa barbe tous les jours... triste effet de la civilisation!

Édouard, pendant la causerie, s'est assis et a ouvert un album sur lequel il trace quelque chose au crayon.

Mme PERSCOFF, *à sa fille*. Allons, Henriette, c'est assez travailler (*elle lui enlève son ouvrage*) ; tu te fatigues les yeux... il faut un peu te distraire. Voilà M. Edouard qui sera assez galant pour faire une partie de dames avec toi...

PRÉCIGNY, *à lui même*. Elle cherche à se débarrasser tout-à-fait de son rhumatisme.

LAUNAY, *assis*. Ce serait avec bien du plaisir... mais je ferais en ce moment le plus triste partner... j'ai la tête malade... je n'y vois pas... je brouillerais le jeu....

Mme PERSCOFF. Vraiment!.. (*A Henriette*) Il faudra danser ce soir avec de Briche.

HENRIETTE. Dieu ! quel supplice !.. avec cela qu'il me marche toujours sur les pieds lorsqu'il balance.

DE BRICHE, *qui examinait et feuilletait l'album pendant que Launay répondait à Mme Perscoff*. Une fort jolie vue !

LAUNAY. Assez fidèle des côtes de Bretagne.

PRÉCIGNY, *regardant*. C'est plus qu'un talent d'amateur, que vous avez là, monsieur Edouard.

DE BRICHE, *feuilletant toujours*. Hé! voilà une étude de rocher... tiens... l'Irglas!..

LAUNAY, *vivement*. Qui vous a dit cela, monsieur?

DE BRICHE. Le nom est écrit au bas.

LAUNAY. C'est une erreur... du barbouilleur qui a griffonné ce nom sur mon livre; ce n'est point l'Irglas... une ridicule esquisse que j'ai faite en Suisse, (*il déchire la feuille avec humeur*) qu'il était inutile de baptiser.... d'un nom.... qui n'est pas suisse...

DE BRICHE. Suisse ou chinois, monsieur, ce n'est pas moi qui suis cause de votre humeur.

Mme PERSCOFF. On a ses jours de bonne ou de mauvaise disposition... (*A Launay.*) Je vous trouve bien pâle... parce que vous n'avez peut-être pas fait votre promenade habituelle?...

LAUNAY. Pardon... plus tôt qu'à l'ordinaire... seulement, j'arrive du bois.

Mme PERSCOFF. Seul?.. est-ce que miss Fanny est indisposée?

LAUNAY. Je ne le pense pas... elle m'avait averti qu'elle ne sortirait pas ce matin.

Mme PERSCOFF. Elle aura changé d'avis, car la voilà qui vient par le sentier du Blaou.

HENRIETTE. Et M. Burns qui tient la bride de son âne.

Mme PERSCOFF. Tiens, c'est vrai. (*A part.*) Il est devenu plus pâle encore!

De Launay s'est tourné du côté par où miss Fanny a été annoncée.

SCENE III.

Mme PERSCOFF, HENRIETTE, DE BRICHE, Mme SAINT-ARNAL, LAUNAY, MISS FANNY, PRÉCIGNY.

Mme PERSCOFF. Au fait, dire qu'elle ne sort pas...et cela pour sortir avec l'autre... c'est piquant!...

LAUNAY, *à part.* Un mensonge, et à cause de cet homme qui se jette sans cesse entre elle et moi.

Mme PERSCOFF, *à de Briche.* Elle a vu M. Launay en descendant de monture.

DE BRICHE, *de même.* C'est fort drôle!..

Mme PERSCOFF. S'ils pouvaient avoir une scène!

HENRIETTE. Oh! que ce serait bon!

LAUNAY, *à miss Fanny, qui entre*[1], *en la saluant profondément pour donner le change sur ses paroles.* Miss, vous aviez sans doute reçu l'ordre de me dire que vous ne sortiez pas ce matin?..

FANNY, *s'arrête, pose sa main sur le bras d'Édouard.* Edouard, ne me retenez pas... voyez les regards malins de ces femmes arrêtés sur nous... et puis sir Burns vient derrière moi...

LAUNAY, *la retenant.* Eh bien! que peut faire ce sir Burns?

FANNY, *suppliant.* Pas un mot de plus, je vous en supplie..

Elle se débarrasse de ses mains et rentre.

Mme PERSCOFF. Ah! la voilà partie!

Mme SAINT-ARNAL. Je vous conseille de faire de même pour vos toilettes.

PRÉCIGNY. Oh! ces dames ont tout le temps.

DE BRICHE. Mlle Henriette se souviendra que je l'ai engagée pour la première contredanse.

Mme PERSCOFF, *gracieusement.* Ma fille ne l'a point oublié... Monsieur de Précigny, je compte sur vous pour valser tantôt...

PRÉCIGNY. Comment donc, madame! trop heureux... (*A Mme Saint-Arnal.*) Ah! comme j'aurai une entorse...

DE BRICHE, *à Précigny.* Venez donc, Précigny, me donner votre avis sur un réquisitoire contre le journal du département, qui se mêle d'écrire que l'introduction des casques en cuir dans l'armée est un stratagème du gouvernement pour faire renchérir les chaussures.

PRÉCIGNY. Avec ces dames, volontiers.

Mme PERSCOFF. Certainement... (*A sa fille.*) Henriette, prends le bras de M. de Briche; M. de Précigny va me donner la main.

PRÉCIGNY, *à part.* Oh! *meâ culpâ!... meâ culpâ...*

Mme SAINT-ARNAL, *riant.* Vous avez bien raison, c'est votre faute.

Ils sortent.

SCENE IV.

SIR BURNS, LAUNAY.

Au moment où les précédens s'éloignent.

SIR BURNS, *à la cantonnade.* Françoise, la caisse à chapeaux et à fleurs que j'attendais est arrivée; portez le tout chez miss Fanny.

LAUNAY. Des chapeaux!.. des fleurs!... pourquoi ces présens?

Sir Burns traverse le théâtre et se dirige vers la porte à droite.

LAUNAY, *se mettant sur son passage.* Je vous demande pardon, monsieur, de vous déranger, mais je désire que nous ayons une explication.

BURNS. Je suis à vos ordres, monsieur.

LAUNAY. Vous savez sans doute quel motif m'amène vers vous?

BURNS. Je crois le connaître.

LAUNAY. Vous ne pouvez ignorer ni mon amour pour miss Fanny, ni l'espoir qu'elle m'avait laissé concevoir un instant; je sais qu'elle vous regarde comme son conseiller; qu'elle n'agit que par vous....

c'est donc à vous que je demanderai compte de sa conduite... Auparavant, elle me répondait d'un ton affectueux et sans contrainte; maintenant, ses manières, autrefois bienveillantes, sont devenues froides et cérémonieuses... Veuillez me faire connaître pourquoi un si grand changement s'est manifesté en elle depuis votre arrivée?.. veuillez me dire, et ceci est un fait à discuter, pourquoi après m'avoir averti qu'elle ne pourrait sortir ce matin, elle a changé d'avis en votre faveur?

BURNS, *froidement*. Vous me demandez beaucoup de choses à la fois, monsieur... Quant à cette promenade que je viens de faire avec miss Fanny, j'avais besoin de lui parler seul... elle m'avait promis, monsieur, de m'accompagner.

LAUNAY. Ainsi donc elle me trompait!

BURNS. Dites plutôt, monsieur, qu'elle avait voulu adoucir un refus par un mensonge innocent... Vous vous plaignez de sa réserve depuis mon arrivée?.. mais en y réfléchissant, vous eussiez senti qu'avant de se déterminer à un choix duquel dépendra le bonheur de sa vie entière, elle doit au moins connaître ce qu'elle a à craindre ou à espérer.

LAUNAY, *un moment troublé*. Je ne sais si je vous comprends, monsieur; mais, s'il s'agit de détails sur moi et sur ma position, me voici prêt à les donner.

BURNS. Je vous écoute.

LAUNAY. Je suis Breton et d'une famille honorable; mon père est mort capitaine de frégate à Brest... Resté orphelin à quinze ans, j'ai servi comme chirurgien dans la marine royale, que j'ai quittée il y a environs dix-huit mois... quant à ma fortune... (*ici sa voix paraît visiblement émue*) elle est facile à vérifier; je possède quatre cents mille francs en rentes sur l'état, et je suis prêt à en fournir la preuve.

BURNS. Tous ces renseignemens ont un grand intérêt pour miss Fanny; mais permettez-moi de vous le dire, monsieur, venant de vous, ils ne peuvent suffire.

LAUNAY, *violemment*. Monsieur... (*avec plus de calme*) monsieur, ceci est une insulte...

BURNS. C'est de la prudence.

LAUNAY. Et à quel titre, après tout, me demandez-vous ces détails?.. quels sont vos droits sur miss Fanny?.. et vous-même, qui êtes-vous?

BURNS. Un ami qui veille à son bonheur, pas autre chose.

LAUNAY. Ne puis-je pas vous dire à mon tour: Venant de vous, cette réponse ne peut suffire?

BURNS, *avec hauteur*. Monsieur, c'est vous qui êtes venu à moi... Je ne vous ai demandé ni de m'adresser vos confidences ni de me croire... J'ai pu consentir à vous interroger, mais sans m'obliger à vous répondre; dès que cette position respective ne vous convient plus, notre entretien est sans but... Adieu...

Il salue et sort.

SCENE V.

ÉDOUARD, *seul.*

Il s'éloigne!... Oh! sans la crainte de rompre peut-être à jamais avec miss Fanny, je courrais sur ses pas; il me rendrait raison de ses dernières paroles... Hé! quel motif plausible de provoquer un vieillard pour des mots plus orgueilleux qu'insultans.... Au moins que Fanny m'avoue.... que je sache enfin à quel titre il la dirige, il la garde, il la surveille...

Il va pour sortir.

SCENE VI.

LAUNAY, Mme PERSCOFF, HENRIETTE, DE BRICHE.

Mme PERSCOFF, *à de Briche*. Vous êtes obligé de convenir que sa position est aussi claire que sa fortune.

DE BRICHE, *montrant Edouard*. Si vous ne voulez pas qu'il vous entende, parlez moins haut.

HENRIETTE, *de même*. Il est encore là....

Mme PERSCOFF. Qu'est-ce que ça fait?.. (*A Edouard.*) Monsieur Launay, nous causions de vous...

LAUNAY. C'est trop de bonté!...

Mme PERSCOFF. Et ce qui va vous paraître plus singulier, c'est que je racontais votre histoire...

LAUNAY. Je ne sais ce que vous voulez dire.

Mme PERSCOFF. Oh! c'est que je suis au fait de votre vie passée... Vous ne vous en doutez guères, n'est-ce pas?...

LAUNAY, *troublé*. Madame, c'est une plaisanterie...

Mme PERSCOFF. Ce n'est point une plaisanterie. Est-il vrai que vous soyez né à Brest, que vous ayez été reçu chirurgien de marine en 1816, que vous ayez voyagé dans je ne sais plus quelle mer?

LAUNAY. Je ne dis pas non, madame.

Mme PERSCOFF. Vos camarades ne vous appelaient-ils pas le dernier des Stuarts par allusion à votre nom d'Édouard et aussi à vos rêves ambitieux?..

LAUNAY. Je trouve bien singulier, en effet...

Mme PERSCOFF. Singulier ou non..... suis-je bien informée?..

LAUNAY. Si bien, madame, que je veux savoir qui vous a donné ces détails...

Mme PERSCOFF. Ce n'est pas tout..... Je sais encore que vous êtes devenu riche, subitement... en héritant d'un oncle que personne ne connaissait.

LAUNAY. Suis-je donc soumis ici à une inquisition occulte? (*Il regarde de Briche.*) Qui vous a dit cela, madame?...

Mme PERSCOFF, *effrayée.* Mon Dieu, je ne voulais pas vous mettre en colère, je n'ai pas cherché à connaître ces détails.... Mais il y a ici sans doute des gens plus intéressés que moi à les savoir.

LAUNAY. Ces gens, quels sont-ils.... par grâce?

Mme PERSCOFF. Un fragment de lettre que je viens de trouver par hasard dans le jardin vous les indiquera peut-être, et m'a appris ce que je viens de répéter.

LAUNAY. Où est ce fragment, madame, je vous prie?...

Mme PERSCOFF, *le tirant de son sac.* Le voici!

LAUNAY, *l'examinant.* Oui... en effet.... (*Il regarde de l'autre côté.*) Burns!

DE BRICHE. C'est une réponse à des questions fort détaillées faites à votre sujet....

LAUNAY, *gardant la lettre.* Je vous remercie, madame, de votre obligeance.

Il quitte les trois personnes et recommence la lecture du fragment.

Mme PERSCOFF, *à sa fille.* Venez faire votre toilette, ma fille... Décidément ce M. Édouard est un ours.

Elle sort avec Édouard et De Briche

ÉDOUARD *en colère, et se promenant à grands pas.* Ainsi ma vie... que je voudrais cacher maintenant à tous les yeux, on la scrute... Tout le monde peut y porter un regard curieux..... (*Apercevant Fanny qui avance la tête avec précaution, et qui semble regarder s'il n'y a personne pour venir à lui.*) Ah! la voici.... Le mensonge de ce matin m'avait blessé..... mais ces recherches sur ma personne m'indignent...

SCENE VII.

LAUNAY, MISS FANNY.

FANNY. Mon Dieu! qu'avez-vous, Édouard? Vous m'en voulez..?

LAUNAY. Il paraît qu'il est permis maintenant de causer avec vous sans vous forcer à la retraite?...

FANNY, *souriant.* La preuve, c'est que me voilà!...

LAUNAY, *avec irritation.* Vous arrivez à propos pour recevoir mes complimens bien sincères.

FANNY, *suppliante.* Je vais tout vous dire!...

LAUNAY, *lui tendant le fragment de lettre.* Sur ceci, d'abord... (*Elle se tait et baisse les yeux.*) Eh bien! que vous en semble?.. Il y a des gens prudens jusqu'à n'ouvrir leur cœur que comme on ouvre un crédit, après renseignemens, et dont l'amour ne se déclare que sur un certificat en bonne forme!... se défier, c'est mépriser.

FANNY. Je ne suis pas de ces gens-là, Édouard, car, vous le savez, je vous ai aimé quand je connaissais à peine votre nom. Cette lettre qui vous blesse ne m'était point adressée; pourquoi aurais-je songé à avoir des renseignemens sur votre vie?.... je n'avais pas encore pensé à vous en donner sur la mienne. Je vous connaissais mieux que tout autre, car je vous aimais plus. (*Mouvement de Launay.*) Je n'ai pu empêcher cette démarche et d'autres encore...

LAUNAY. D'autres?...

FANNY, *l'interrompant.* Elles vous irritent.... J'ai eu tort, puisque j'en ai été cause..... j'ai eu tort, puisque vous avez souffert... Mais vous me pardonneriez une faute!... Ne pouvez-vous me pardonner un malheur?...

LAUNAY. Ah! quelle colère ne se briserait contre tant de grâce et de tendresse?.. Mais l'idée d'une défiance de votre part m'a mis hors de moi..... C'est encore cet homme que j'aurais dû accuser. Toutes les fois qu'un ennui m'arrive, je devrais penser à lui... Je le trouve partout sur mon chemin.

FANNY. Ne le jugez pas encore; attendez à le mieux connaître...

LAUNAY. Devrais-je le remercier du mal qu'il m'a fait?

FANNY. Peut-être!...

LAUNAY. Je ne vous comprends pas, Fanny...

FANNY. Aussi ne vous ai-je pas demandé de me comprendre, mais de me croire!...

LAUNAY. Ah! vous avez raison, toujours raison... Je suis un insensé de vous tourmenter ainsi... C'est que vous ne savez pas combien je vous aime!...

FANNY. En ai-je douté un seul instant?...

LAUNAY. Oui, j'aime tout en vous, votre douceur, votre beauté. Mais vous, que pouvez-vous aimer en moi?

FANNY. J'aime votre amour.

LAUNAY. Oh! oui, aimez mon amour, car il est immense, car c'est le premier.... le seul que j'aie ressenti...

FANNY, *avec un air de gai reproche*. Le premier, le seul, et cependant cette main porte une bague d'alliance.

LAUNAY. Ah! n'en soyez pas jalouse, ce n'est qu'à défaut de vous qu'elle me procurerait une fiancée...

FANNY. Que voulez-vous dire?....

LAUNAY. Rien, rien..... Aimons-nous sans réflexions!... Ne nous occupons que du présent, et que la destinée fasse de nous ce qu'elle voudra.....

FANNY. Encore quelques heures, Édouard, et la nôtre sera fixée à jamais, peut-être!... Voilà ce que je venais vous dire, méchant!...

ÉDOUARD. C'est à mon tour à répondre, je ne vous comprends pas.

FANNY. Vous m'eussiez compris tout de suite, si vous eussiez attendu que je parlasse plutôt que de me faire une querelle...

ÉDOUARD. Et pourquoi ne m'avoir point informé des démarches de sir Burns?..

FANNY. Il attendait une dernière lettre, et avant que je vous parlasse, il désirait l'avoir ouverte... C'était un ordre pour moi!...

ÉDOUARD. Un ordre!... Enfin cette autre lettre!...

FANNY. Il l'a trouvée au retour...

ÉDOUARD. Et... d'où vient-elle?

FANNY. De Toulon, je crois.

ÉDOUARD. De Toulon!

FANNY. D'une personne qui semble beaucoup vous connaître...

ÉDOUARD. Quelqu'un... de Toulon... qui me connaît... (*A part.*) Pourquoi ce frisson qui me glace?.... Qu'ai-je à craindre?.... N'est-ce pas un secret entre... le ciel et moi?...

FANNY. Eh bien! monsieur, vous restez muet! votre bouche ne trouve pas une expression tendre pour me remercier?

ÉDOUARD. L'étonnement... je l'avoue... (*A part.*) Je ne suis pas maître de mon trouble...

FANNY. Allez, Édouard, je juge de votre émotion par la mienne... nos jours d'orage sont passés... à tantôt, à tantôt, mon ami...

ÉDOUARD, *préoccupé*. A tantôt!

Elle lui fait un dernier signe de tendresse et rentre.

SCENE VIII.

LAUNAY, *seul*.

Il se promène avec agitation.

Quel peut être cet homme auquel sir Burns s'est adressé?.... Les révélations qu'il veut faire sont donc bien graves qu'il ne veut les faire que de vive voix!... et cependant j'étais seul... la nuit me protégeait... Ah! c'est ma conscience qui me fait peur!... Il est donc vrai que dans toute une existence il vient un jour, une heure, où les fautes commises se dressent autour de nous; un jour, une heure où l'on apprend cruellement que bonheur et devoir sont deux noms donnés à une même chose!.. ma tête brûle... mes idées se perdent, mon esprit s'épuise en conjectures... Cette pensée qu'un étranger tient peut-être en ses mains mon honneur et ma vie, qu'un mot lui suffit pour briser, pour anéantir mes espérances... ah! cette pensée me tue... Mon Dieu, cela ne peut pas être... cela ne sera pas... cet homme, je le verrai... s'il me connaît, je dois le connaître! je l'attendrai... sur la route... c'est à moi qu'il apparaîtra d'abord..... j'exigerai qu'il parle... qu'il m'apprenne ses intentions... s'il a découvert ce que je voudrais cacher au prix de tout mon sang, il faudra... je le forcerai de me suivre... un combat sans merci... la mort de l'un des deux... S'il refuse... oh! s'il refuse... je le tue!..

SCENE IX.

LAUNAY, UN GARÇON DE L'HÔTEL.

LE GARÇON. Monsieur Edouard... vous n'avez pas vu sir Burns? v'là un étranger qui l'demande.

LAUNAY, *à part*. Un étranger!.. si c'était... (*Au garçon.*) Va... je sais ce que c'est, amène-le, je le conduirai moi-même...

UNE VOIX *en dehors*. Les plus grands égards pour mes chevaux...

LAUNAY. Cette voix!..

LA VOIX, *au dehors*. Mais avance donc, ma bonne amie.

SCENE X.

LAUNAY, CHARLES, LOUISE.

LAUNAY. Charles!

CHARLES. Édouard!.. (*Édouard reste stupéfait.*) Mais embrasse-moi donc!

LAUNAY. De grand cœur. Comment! à Baden-Willer!..

CHARLES. Avec ma femme...

Il lui tend la main.

LAUNAY, *revenant à lui*. Mais c'est comme un rêve... j'étais si loin de m'attendre... Hé! quel heureux hasard vous a amenés?

LOUISE. Ce n'est point un hasard...

CHARLES. Nous venons nous fixer auprès de notre belle-sœur, presque aux portes de cette ville, à l'autre extrémité.

LOUISE. Seulement nous ne devions arriver que le mois prochain.

ÉDOUARD, *vivement*. Et quel incident a fait avancer votre départ?..

CHARLES. Toi...

ÉDOUARD. Ah! je reconnais bien là ta franche et constante amitié.

Il lui serre la main.

CHARLES. Tu dois être en relation avec lord Stalbourn.

ÉDOUARD. Je ne connais personne de ce nom...

CHARLES. Ah! c'est possible; il fait envoyer ses lettres à sir Burns; tu connais ce nom au moins?

ÉDOUARD. Ah! oui, sir Burns!..

CHARLES. C'est lui qui s'adresse à moi pour obtenir des renseignemens sur ton caractère, sur ta conduite antérieure. Vous êtes sans doute en relations d'affaires, tu nous conteras ça.

ÉDOUARD, *à part*. Et moi qui allais m'imaginer!..

CHARLES. Mais que je te félicite donc avant tout. Eh bien, le pauvre sort que tu maudissais ne t'en a pas tenu rancune, à ce qu'il paraît... tu as fait un héritage aussi?..

ÉDOUARD, *soupirant*. Moins beau que le tien...

CHARLES. Homme insatiable, va! (*Riant.*) Hé! hé! hé! tu n'as pas changé?..

ÉDOUARD. Tu te trompes sur l'exclamation que j'ai faite!.. Loin de souhaiter davantage... je regrette quelquefois d'avoir cette fortune...

CHARLES. Voilà une autre idée, à présent... parce qu'il l'a trouvée toute faite... il eût désiré la faire lui-même...

ÉDOUARD. Oh! oui... pour qu'il en fût ainsi, je donnerais tout ce que je possède, et encore la moitié de ma vie...

CHARLES, *à Louise*. A Toulon il disait tout le contraire... l'original... Voyons, conte-nous les entreprises gigantesques écloses dans cette tête volcanisée!..

ÉDOUARD. Il ne s'agit point d'entreprise, mais de mariage...

LOUISE. Vraiment?

CHARLES. Ah!.. délicieux... parfait... voilà que l'homme à grandes vues comme le Philosophe Bourgeois aboutit tout uniment au mariage! Il ne faut pas demander si tu aimes!...

LOUISE. Et si vous êtes aimé!..

ÉDOUARD. J'ai quelques raisons de le croire...

CHARLES. Eh bien! parle-nous de tes amours, de ta succession; tu n'as pas dû t'enrichir comme tout le monde (*Édouard tressaille*) ni te passionner comme un autre...

ÉDOUARD, *un peu ému d'abord*. Ce qui me concerne n'a rien de merveilleux... Après avoir réalisé l'héritage d'un ancien parent dont j'avais appris la mort pendant que vous étiez allé faire une course jusqu'à Paris, je voulus voir l'Italie, la Suisse et l'Allemagne. En revenant en France comme je te l'annonçais, je m'arrêtai dans cette ville, et j'eus l'occasion de voir miss Fanny; je connaissais assez d'anglais pour causer dans sa propre langue, et cette circonstance, qui nous rapprocha davantage, eut aussi pour résultat de nous isoler du reste de la société.

CHARLES. Bravo!

LOUISE. Laisse-le donc dire, Charles.

CHARLES, *à Edouard*. Vois-tu comme ça commence à l'intéresser!

ÉDOUARD. Nos jours passaient comme des heures, lorsque l'apparition inattendue de sir Burns vint troubler ce tranquille bonheur. Annoncé par miss Fanny comme un ami de sa famille, qu'elle respectait à l'égal d'un père, sir Burns ne la quittait pas d'un instant. Je commençais à m'irriter, et je ne sais comment se seroit terminé cet état de choses sans votre arrivée qui vient de tout éclaircir, de tout concilier.

CHARLES. Puisque je tiens ton sort attaché à mes paroles, je vais t'arranger auprès de sir Burns de la bonne manière.

ÉDOUARD, *les faisant tourner à gauche.* Tenez, mes amis, cette belle personne qui salue de la main quelqu'un que nous ne pouvons apercevoir.

CHARLES. Qui maintenant vient vers nous...

ÉDOUARD. Oui, c'est elle, c'est Fanny, c'est celle que j'aime.

LOUISE. Elle est charmante.

SCENE XI.

Les Mêmes, FANNY.

ÉDOUARD, *allant au-devant d'elle.* Quel heureux mortel méritait ce salut gracieux, miss?

FANNY. Je reconduisais sir Burns, qui va faire visite à l'autre extrémité de la ville.

ÉDOUARD. M. et Mme Dutremble que j'ai l'honneur de vous présenter....... (*saluts mutuels*) venaient apporter de Toulon à l'ami de votre famille les renseignemens qu'il désirait. Ils vous connaissent déjà. Vous ne serez pas surprise que, dès en arrivant, j'aie parlé de mon amour à mon premier, à mon meilleur ami.

CHARLES. Et maintenant que nous vous avons vue, mademoiselle, nous le félicitons bien sincèrement de son choix.

FANNY. Je suis sensible à votre bienveillance, et je regrette que sir Burns soit sorti si mal-à-propos.

LOUISE. Mon ami, si nous profitions de cette absence pour aller prévenir ma sœur de notre arrivée?

CHARLES. Tu as raison.

ÉDOUARD. Ecoutez, il y a soirée dansante, que Charles vous y amène.

FANNY, *à Louise.* Ce serait bien aimable... et nous aurions le temps pendant le bal de faire un peu connaissance.

CHARLES. C'est à Louise à décider après une aussi longue route.

LOUISE. Votre bonheur nous reposera. On se délasse avec ses amis.

Elle tend la main à Fanny.

FANNY. Que vous êtes bonne, madame!

ÉDOUARD. Et gracieuse.

CHARLES. Nous, partons vite pour revenir plus promptement.

Ils sortent.

SCENE XII.

MISS FANNY, EDOUARD.

FANNY, *assise.* Eh bien! monsieur, murmurez donc encore contre le sort.

ÉDOUARD. Ah! ma félicité me semble si grande, que pour y croire il faut que je vous aie à mes côtés.... là, votre main dans la mienne. (*Elle lui donne sa main en riant.*) Mais concevez-vous! attendre un étranger bien ou mal prévenu... respirer à peine dans une anxiété cruelle...... éprouver comme un frisson d'effroi... puis, tout-à-coup, renaître, s'épanouir..... c'est un visage connu qui se présente... une voix chère qui frappe à votre oreille... une main amie qui demande la vôtre... et l'on est dans les bras de ceux qu'on aime.

FANNY. J'espère que vous n'en voulez plus à sir Burns de sa sollicitude et de sa prudence?

ÉDOUARD. Oh! je lui demanderai pardon de ma folie... mais auparavant à vous je demande une grâce... je l'implore à mains jointes.

FANNY. Laquelle, bon Dieu!

ÉDOUARD. Déchirez le voile mystérieux qui vous entoure tous les deux pour moi!

FANNY, *soupirant.* Bientôt... mais pas maintenant, mon ami. Ne me forcez pas à vous avouer ce qu'il appartient à sir Burns seul de vous dire.

ÉDOUARD. Eh bien! j'attendrai... oui, j'attendrai... mais c'est à condition maintenant que vous ne refuserez pas à l'amour une faveur que vous avez accordée à l'amitié.

FANNY. Qu'est-ce donc?

ÉDOUARD. Cette écharpe, c'est sir Burns qui vous l'a donnée, vous me l'avez dit....

FANNY. En effet.

ÉDOUARD. Pour la retenir et pour compléter votre parure de ce soir, permettez-moi de vous offrir un souvenir de famille que m'a laissé ma mère en mourant... c'est une agrafe.

FANNY. Mais je ne dois pas...

ÉDOUARD. Me refuserez-vous lorsque vous acceptez d'un autre?..

FANNY. Quelle différence!..

ÉDOUARD, *suppliant.* Ce sera comme un symbole de l'union que vous voulez établir entre M. Burns et moi...

FANNY, *prête à céder.* Mais je ne puis...

ÉDOUARD, *ouvrant son portefeuille.* Vous ne m'aimez donc pas?

FANNY. Mais que dira-t-il?

ÉDOUARD, *l'attachant*. Vous lui direz que vous avez voulu me faire plaisir. (*La société se rassemble pendant qu'il la place à la ceinture de Fanny.*) Voyez comme ce bijou fait bien à votre écharpe!

FANNY. Du monde!..

ÉDOUARD. Je m'éloigne quelques instans pour éviter les remarques tracassières de ces dames. Encore aujourd'hui, je cache mon bonheur... mais demain, peut-être, en présence de toute la ville, aux pieds des autels, je pourrai dire à voix haute ces mots qui feront l'envie et le désespoir de tous mes rivaux : Elle est à moi.

Il s'éloigne.

FANNY, *à elle-même, inquiète*. Comment pouvais-je refuser plus long-temps?

Plusieurs dames entrent; Fanny va au-devant d'elles. Madame Perscoff arrive de l'autre côté avec quelques autres.

SCENE XIII.

FANNY, Mme PERSCOFF, HENRIETTE, DE BRICHE, PRÉCIGNY, BAIGNEURS, *qui viennent chacun de leur côté.*

Mme PERSCOFF. Oui, oui, il se trame quelque chose.... peut-être un enlèvement. Ça serait pour cette nuit que ça ne m'étonnerait pas. On a profité de la sortie du bonhomme pour avoir un grand colloque avec de nouveaux arrivans. Demandez à ma fille, nous plongions dans la pièce à travers cette glace. On s'est pris les mains, il y a eu échange de je ne sais quoi, et dès que l'on a pu nous apercevoir, brrrr! le beau jeune homme a pris sa volée.

Mme SAINT-ARNAL, *arrivant*. Je vous annonce M. de Briche dans tout son éclat.

Mme PERSCOFF, *à sa fille*. Allons, mademoiselle, tenez-vous bien et songez qu'il faut en finir aujourd'hui.

HENRIETTE, *avec humeur*. Il est cause qu'on me tarabuste toujours. Si jamais il devient mon mari...

Mme SAINT-ARNAL, *tirant une boîte de sa ceinture et en offrant à Mme Perscoff*. En prenez-vous?

DE BRICHE, *qui s'est avancé derrière elle*. Comment! du tabac à votre âge. (*Il en en prend une prise.*) Voulez-vous permettre?...

Mme SAINT-ARNAL. C'est une habitude d'enfance.

PRÉCIGNY, *à part*. C'est-à-dire qu'elle fait la contrebande.

DE BRICHE. Je n'en ai jamais pris de meilleur.

FANNY, *qui s'est approchée de Mme Saint-Arnal*. Et les deux livres que vous avez promise à sir Burns, madame?

Mme SAINT-ARNAL, *bas*. Chut! soyez sans inquiétude, il les aura. (*Haut.*) Vous avez là une écharpe de fort bon goût, ma chère...

FANNY. Elle vient d'Angleterre.

HENRIETTE, *vivement*. Comptez-vous y retourner bientôt, miss Fanny?

FANNY. Je ne sais, mademoiselle.

PRÉCIGNY. Il y aurait de l'ingratitude. Nous perdrions un ornement de nos réunions.

Mme PERSCOFF, *à de Briche*. Ce Précigny est un vil flatteur. (*Se rapprochant de madame Saint-Arnal.*) Nous avions vu briller quelque chose aux mains de M. Launay... c'est l'objet qui tient l'écharpe. Oh! oh! si ma fille avait l'audace d'accepter jamais rien de pareil!..

Mme SAINT-ARNAL. Elle lui donnerait sa bénédiction.

Mme PERSCOFF, *à Fanny*. Nous regardions que vous avez là, miss, une agrafe magnifique.

Mme SAINT-ARNAL, *à Précigny*. Elle n'y tenait plus.

Mme PERSCOFF. Je ne vous l'avais pas vue, je crois.

FANNY, *embarrassée*. Je ne l'ai point encore portée.

Mme PERSCOFF. La personne qui en a fait choix a le goût exquis, n'est-ce pas, monsieur de Briche. (*A l'oreille.*) C'est M. Launay qui l'a donnée, il doit être riche.

DE BRICHE. Il faudrait savoir si le bijoutier est payé.

SCENE XIV.

LES MÊMES, BURNS, *puis* EDOUARD.

FANNY, *voyant entrer Burns*. Ah! vous voilà! votre absence prolongée Commençait à m'inquiéter.

BURNS, *souriant*. La mienne seulement! (*La regardant attentivement.*) Vous êtes toute pâle, en effet.

Launay entre.

Mme PERSCOFF. Ah! monsieur Launay, venez donc joindre votre admiration à la nôtre. Tout le monde s'extasie devant l'agrafe de miss Fanny.

BURNS. Une agrafe!

ÉDOUARD. Je l'ai déjà vue, madame.

Mme PERSCOFF, *à part.* Je crois bien; ça a l'air d'interloquer le vieux.

BURNS, *les yeux fixés sur l'agrafe.* Je ne vous connaissais pas ce bijou, miss. Depuis quand est-il en votre possession?

FANNY, *confuse.* D'aujourd'hui seulement.

BURNS, *l'examinant plus attentivement.* A qui l'avez-vous acheté?

FANNY, *baissant les yeux.* Je ne l'ai point achetée.

BURNS, *brusquement.* On vous l'a donnée?

Pendant ce jeu de scène, Launay qui cause avec le musicien, jette un regard de temps à autre sur Burns et Fanny.

FANNY. Monsieur Edouard Launay m'avait tant suppliée...

BURNS. Vous eussiez dû penser que ce n'était point convenable. Et d'où M. Launay a-t-il eu cette agrafe?

FANNY. C'est un bijou que lui a laissé sa mère.

BURNS. Il vous a dit cela?

FANNY. Il me l'a dit.

PRÉCIGNY, *ramassant l'éventail de madame Perscoff.* Votre éventail est d'un métal et d'une forme extraordinaire.

Mme PERSCOFF. C'est déjà vieux, je l'ai acheté à Saint-Pétersbourg en 1815.

PRÉCIGNY. Oh! vous avez vu du pays, à ce qu'il paraît.

Mme PERSCOFF. En 1814, j'ai été enlevée par un détachement de Cosaques.

PRÉCIGNY, *à Mme Saint-Arnal.* Je suis moins étonné du petit air kalmouck de sa fille.

Mme SAINT-ARNAL. Oui, la maman aura eu un regard...

Mme PERSCOFF. Heureusement j'ai été délivré par un comte russe, qui, trois mois après, me ramena de Saint-Petersbourg, dans sa berline, à mon mari.

BURNS, *à Fanny.* Enfin voulez-vous me confier cette agrafe un instant?

FANNY. La voici.

ÉDOUARD, *à part.* Que signifie cet examen?

BURNS, *qui examine le camée avec une scrupuleuse attention.* Cette dernière preuve... et mon doute devient une conviction... (*Il fait jouer un ressort et le camée s'ouvre.*) C'est bien cela!

Il se promène avec agitation.

Mme PERSCOFF. Monsieur Précigny, c'est à vous, qui avez parcouru les différentes parties du monde, qu'il a dû arriver bien des aventures, vous devriez bien nous en raconter une avant le bal?

PRÉCIGNY. Je vais vous dire les dangers que j'ai courus en Afrique au milieu des sauvages.

BURNS, *vivement.* Il ne faut pas aller en Afrique pour cela. Les dangers auxquels nous sommes exposés en Europe ne sont guère moins grands. Il est peu de voyageurs qui n'aient couru risque de la vie au moins une fois.

PRÉCIGNY, *avec mauvaise humeur.* Sur les routes d'Angleterre peut-être?

BURNS, *fixant toujours son regard sur Edouard.* En France, monsieur, il n'y a pas encore douze ans, moi qui vous parle, j'y ai été assassiné.

Mme PERSCOFF. O mon Dieu!

PRÉCIGNY, *riant.* Ce qui ne vous empêche pas de jouir d'une parfaite santé.

BURNS, *gravement.* C'est vrai, monsieur; mais ce n'en est pas moins un événement qui a eu des suites cruelles.

DE BRICHE, *se rapprochant.* Et comment donc cela?

Tout le monde se rapproche pour écouter.

BURMS. Après être débarqué à Brest, je parcourais la Bretagne en chaise de poste. J'étais seul et porteur de quatre cent mille francs en bank-notes. Nous devions traverser une grève immense appelée grève de Saint-Michel.

ÉDOUARD, *tressaillant, à part.* Que dit-il?

BURNS, *les yeux toujours fixés sur Edouard.* Quand nous arrivâmes à ce passage, la nuit se trouvait déjà avancée et l'obscurité était profonde; la chaise de poste commença à rouler sur le sable sans que l'on entendît le bruit des roues ni des chevaux; je me sentais emporté comme par enchantement au travers des ténèbres, et je roulais ainsi depuis dix minutes lorsque la voiture passa devant un rocher accroupi au milieu de cette plaine. L'Irglas, me cria le postillon, en montrant avec son fouet un écueil énorme, c'est l'Irglas!

ÉDOUARD, *qui paraît de plus en plus agité.* L'Irglas!..

DE BRICHE, *regardant Edouard.* Tiens, l'Irglas!.. c'est ce monsieur qui aura écrit sur l'album?

BURNS, *à de Briche.* Oui, monsieur, c'est moi.

ÉDOUARD. Lui!

BURNS. A peine avions-nous dépassé le rocher que la chaise de poste s'arrêta subitement. J'entendis un cri et le bruit que fait la chute d'un homme. Je m'élançai à la portière; mais je n'eus le temps de rien voir, je retombai à l'instant dans la voiture, la tête brisée et baigné dans mon sang.

TOUS. Quelle horreur!

ÉDOUARD. Fatalité!

FANNY, *à part.* O mon Dieu! comme Edouard est pâle!

BURNS, *qui a entendu.* Oui, monsieur est bien pâle, en effet.

Mme PERSCOFF. Seriez-vous indisposé?

ÉDOUARD. Ne faites pas attention. (*A part.*) Tout mon sang s'est glacé.

BURNS. Lorsque je revins à moi quelques jours après chez des pêcheurs qui m'avaient recueilli sur la grève, j'appris le nom du postillon, et que ma voiture avait été pillée. Je fus trois mois à me rétablir de mes blessures.

DE BRICHE. Et l'on ne put découvrir vos assassins?

BURNS. Les recherches qui furent faites alors n'amenèrent aucun résultat. J'avais pourtant quelque espoir, car parmi les objets volés se trouvait une cassette contenant plusieurs bijoux faciles à reconnaître, entre autres une agrafe semblable à celle-ci.

ÉDOUARD. Je suis perdu!

DE BRICHE, *fixant Edouard, à Burns, à demi-voix.* Est-ce que vous pourriez reconnaître...

FANNY, *qui a remarqué la contenance d'Edouard.* Quel soupçon!

ÉDOUARD, *bas.* Il faudrait fuir, et je me soutiens à peine..

FANNY. O mon Dieu, M. Edouard perd connaissance.

Launay se soutient contre la table.

DE BRICHE. Tout-à-fait?

PRÉCIGNY, *courant pour le soutenir.* Qu'a-t-il donc?

BURNS, *allant vers lui.* Ce qu'il a? je puis vous l'apprendre.

FANNY, *se jetant au-devant de Burns.* Ah!.. mon père, pitié, pitié...

Elle tombe évanouie.

ÉDOUARD, *à lui-même.* Son père!.. ô mon Dieu! son père!..

TOUT LE MONDE. Oh!

On se porte vers le tableau.

DE BRICHE, *à l'avant-scène.* C'est une belle et bonne affaire de cour d'assises.

Plusieurs personnes aident sir Burns à rentrer miss Fanny. Édouard a disparu précipitamment. Mme Perscoff et Henriette sont stupéfaites. Le fonctionnaire sourit en dessous. Précigny regarde ce tableau avec insouciance.

FIN DU DEUXIÈME ACTE.

ACTE TROISIÈME.

Le théâtre représente un salon attenant à l'appartement de miss Fanny, dans l'hôtel des Bains.

SCENE PREMIERE.

PRÉCIGNY, MADELAINE, Mme SAINT-ARNAL.

PRÉCIGNY. C'est un événement déplorable.

Mme SAINT-ARNAL. Et puis les sanglots de la pauvre petite étaient à fendre le cœur.

PRÉCIGNY. J'ai cru un moment qu'elle allait mourir.

Mme SAINT-ARNAL, *écoutant.* Je n'entends plus dans la chambre autant de mouvement, on aura fini par la calmer un peu. Hem!... comme ces petites Anglaises se passionnent... elle en était folle!..

PRÉCIGNY. Il y a quelque chose de bien pénible pour moi dans cette histoire-là, de bien affligeant.

Mme SAINT-ARNAL. Est-ce que vous aviez pour elle dans le cœur quelque secret penchant?

PRÉCIGNY. J'avais placé cinq billets pour mon dernier concert. Delaunay m'en avait demandé trois, la jeune miss en prenait deux. Si l'esclandre n'avait eu lieu qu'après demain...

Mme SAINT-ARNAL. A propos de billets? il y a tout lieu de croire maintenant que Mme Perscoff accaparera pour son gendre ce cher de Briche, faute de mieux?

On entend la porte de la chambre s'ouvrir, Madelaine en sort.

PRÉCIGNY. J'y ferais tout mon possible.

la petite Henriette est trop gentille pour coiffer sainte Catherine.

Mme SAINT-ARNAL. Eh bien! tâchez que je fasse la corbeille, et je placerai le reste de vos billets.

PRÉCIGNY. Chose promise, chose faite.

SCENE II.

PRÉCIGNY, Mme SAINT-ARNAL, MADELAINE.

Mme SAINT-ARNAL, *à demi-voix*. Eh bien! y a-t-il un peu de repos?

MADELAINE. Ah bien oui! des spasmes à faire frémir, je vas chercher de l'éther.

Mme SAINT-ARNAL. J'en ai toujours un flacon sur moi. (*Elle le tire de sa ceinture en disant à Précigny.*) Partout où il y a des femmes il y a des nerfs, c'est d'un débit sûr... (*A Madelaine.*) Tenez, ma chère.

MADELAINE. Mais, madame, c'est que M. Burns m'a dit d'en acheter à la pharmacie.

Mme SAINT-ARNAL. Eh bien, je n'ai pas la prétention de lui faire un cadeau malgré lui... il me le paiera ce qu'il m'a coûté. Si l'on avait besoin de vinaigre anglais aussi, j'en ai d'excellent.

Madelaine rentre.

PRÉCIGNY. Voilà ce qui s'appelle ne pas manquer une occasion.

Mme SAINT-ARNAL. Ah dam! écoutez donc, il faut être à son affaire.

SCENE III.

LES MÊMES, DE BRICHE.

DE BRICHE. Votre serviteur. Je viens savoir des nouvelles.

Mme SAINT-ARNAL Toujours une agitation affreuse.

DE BRICHE. Eh bien! avais je senti mon homme, quand je vous disais que ce Launay était un intrigant?

PRÉCIGNY. C'est-à-dire qu'on ne sait pas encore.

DE BRICHE. Et ce vieil ami de la famille de la demoiselle qui se trouve être son père; c'est un embrouillamini que le diable n'y verrait goutte.

Mme SAINT-ARNAL. Eh bien! je suis sûre que vous y chercherez quelque bon corps de délit. (*La porte de la malade s'ouvre de nouveau.*) Chut!

SCENE IV.

LES MÊMES, Mme PERSCOFF, HENRIETTE.

Mme PERSCOFF. Restez, M. Burns, nous nous tiendrons à portée d'être toujours à vos ordres si vous avez besoin de nous.

Mme SAINT-ARNAL. Eh bien?

Mme PERSCOFF, *sortant de la chambre.* Elle a toute sa tête... mais il y a un peu d'exaltation. Elle ne veut pas se mettre au lit...

HENRIETTE. L'avis du docteur est qu'il ne faut pas la contrarier...

SCENE V.

Mme PERSCOFF, HENRIETTE, DE BRICHE, PRÉCIGNY, Mme SAINT-ARNAL, HABITANS DE L'HÔTEL.

Mme PERSCOFF, *lorsque la porte est fermée, ramenant tout le monde à l'avant-scène et parlant à demi-voix.* Eh bien! notre cher propriétaire a dit que l'on ne danserait pas; c'est agréable de voir notre jolie réunion de ce soir désorganisée à cause des amours contrariés de Mlle Burns; car c'est la fille du vieux! Nous avons gagné à l'aventure de savoir cela au moins...

PRÉCIGNY. Le propriétaire ne pouvait faire autrement: les bouffées d'harmonie de l'orchestre et l'éclat du cornet à piston auraient achevé d'ébranler le système nerveux de la pauvre petite.

Mme PERSCOFF, *à Mme Saint-Arnal.* Ah! ma chère, si vous l'aviez vue après son évanouissement, quand nous l'avons ramenée à sa chambre!

HENRIETTE. Sa figure était effrayante.

Mme PERSCOFF. C'est-à-dire qu'elle était laide à faire peur! et des contractions nerveuses à croire qu'elle était empoisonnée!

DE BRICHE, *vivement.* Aurait-on aperçu quelques symptômes?

PRÉCIGNY. Vite un procès-verbal, mon cher fonctionnaire.

DE BRICHE. Riez, riez; mais, à défaut de procès-verbal, nous pourrons bien avoir ce soir même une déposition, et dans laquelle vous figurerez comme témoin.

Mme PERSCOFF. Est-ce que vous donneriez suite à l'affaire?

DE BRICHE. J'y ferai donner suite.

PRÉCIGNY. Quelle affaire! des exclamations... un récit de voleurs... une syncope... c'est matière tout au plus à quelque nouvelle de feuilleton.

Mme SAINT-ARNAL. C'est égal, on serait bien embarrassé de dire ce que M. Launay est devenu dans la bagarre... il s'est éclipsé.

DE BRICHE. Oh! s'il en est besoin... nous saurons où le reprendre.

Mme PERSCOFF. C'est une fort vilaine affaire pour ce jeune homme. Qui jamais aurait été s'imaginer qu'avec des manières si distinguées...

HENRIETTE. Et des habits d'une coupe si gracieuse!

Mme PERSCOFF. J'avoue que j'y ai été prise tout-à-fait : sa manière d'agir, de parler, sa dépense... je lui aurais donné le bon Dieu...

PRÉCIGNY, *à part.* Sa fille plutôt... sans informations...

Mme PERSCOFF. Ah! de Briche, ce sont des espèces d'hommes bien redoutables pour des mères de famille.

DE BRICHE. Ma chère madame, ce vieux proverbe sera long-temps juste :... Tout ce qui reluit... Vous n'aviez pas assez d'éloges pour ses procédés, pas assez d'yeux pour son agrafe, qui vous avait éblouie.

Mme PERSCOFF. Ah! vous ne nierez pas qu'elle soit magnifique.

Mme SAINT-ARNAL. Et pas chère, à ce qu'il paraît?

PRÉCIGNY. Je ne serais pas étonné, par exemple, que le journal du département fît paraître un article là-dessus.

SCENE VI.

Les Mêmes, CHARLES, Mme PERSCOFF, LOUISE.

Mme PERSCOFF. Ah! ce sont les étrangers de tantôt.

CHARLES. Ah! nous allons enfin savoir quelque chose : voici des personnes qui seront instruites des causes de ce changement. (*Il s'approche de Précigny.*) Pardon, monsieur; est-il vrai que la réunion de ce soir n'a pas lieu?

PRÉCIGNY. Très-vrai, monsieur.

CHARLES. Qu'est-il donc arrivé?

Mme PERSCOFF. Monsieur...

DE BRICHE, *interrompant vivement Mme Perscoff.* La découverte d'un délit dont une circonstance inopinée va livrer peut-être les auteurs aux mains de la justice.

LOUISE. Et la découverte de ce délit a fait décommander la soirée?

CHARLES. Est-ce qu'il y aurait dommage pour le directeur des bains?

PRÉCIGNY. Pas le moins du monde.

Mme PERSCOFF. Mais fâcheuse affaire pour une personne que sa position dans le monde devait mettre à l'abri de tout soupçon.

CHARLES. Quelque fonctionnaire public, peut-être?

DE BRICHE. Monsieur!

PRÉCIGNY. Vous parlez devant un homme du palais.

DE BRICHE, *à part.* Cet homme a des idées révolutionnaires.

CHARLES. Je cherchais parmi ceux qu'on devait soupçonner le moins... Pardon... Est-ce que M. Burns ne serait pas rentré? tantôt il était absent lorsque je me suis présenté pour le voir.

Mme PERSCOFF. Et ce soir, monsieur, il n'est guère en état de recevoir de visite...

CHARLES. C'est pour une affaire.

HENRIETTE. Même d'affaire.

PRÉCIGNY. C'est sur lui particulièrement...

Mme PERSCOFF. Et sur sa fille, que l'événement qui met notre bal en désarroi a frappé.

LOUISE. Ah! mon Dieu!..

CHARLES. Alors je trouverai sans doute auprès de lui M. Edouard Launay.

DE BRICHE. Auprès de lui!..

CHARLES. Dans l'état des choses il doit être à ses côtés pour le consoler.

Mme PERSCOFF. Lui! mais c'est...

DE BRICHE, *interrompant Mme Perscoff.* Laissez, laissez. Est-ce que vous connaissez M. Launay?

CHARLES. Si je le connais, mon ami intime.

DE BRICHE, *aux dames, bas.* Si c'était un complice, décidément! (*A Charles.*) Il est présumable, monsieur, que vous ne le reverrez pas aujourd'hui, toujours...

CHARLES. Je vous promets, monsieur, que vous êtes dans l'erreur.

LOUISE. Mais nous avons rendez-vous.

CHARLES. Il s'est absenté, je suis certain qu'il va venir.

Mme PERSCOFF, *à part.* Je suis bien sûre que non, par exemple.

CHARLES. Et en l'attendant, lorsque M. Burns me saura dans ces lieux, j'ai la certitude qu'il ne me refusera pas deux minutes d'entretien.

PRÉCIGNY, *bas.* Il a l'air de très-bonne foi, ce monsieur... il y aurait de la cruauté à détruire ses illusions.

Mme PERSCOFF. Laissons ce soin à M. Burns.

DE BRICHE. D'ailleurs nous avancer avec lui serait une imprudence.

Mlle PERSCOFF. Par M. Burns ou par tout autre, il saura toujours...

PRÉCIGNY, *à part.* Elle meurt d'envie de bavarder.

CHARLES. Excusez-moi... je vous prie... je suis importun. Mais, à ce que je peux comprendre de vos paroles, Édouard ne serait pas étranger à l'aventure dont vous semblez me faire mystère.

TOUS. Je crois bien!

Mme PERSCOFF. Étranger, monsieur? mais ce qu'il y aurait pour lui de plus heureux ce serait une mort subite.

Mme SAINT-ARNAL. Ah! je ne serais pas surprise qu'il fût allé se jeter dans le lac.

HENRIETTE. Ou peut-être se brûler la cervelle dans les sentiers du Blaou, qu'il parcourait si souvent avec miss Fanny.

CHARLES. Est-ce qu'il aurait été trompé dans ses affections?

Mme PERSCOFF. C'est plutôt la malheureuse jeune fille! Aussi quand on jette son cœur à la tête du premier intrigant venu...

CHARLES. Ah! madame, je serais indigne de l'amitié si je laissais continuer ceux qui, profitant de l'absence d'Édouard pour l'accuser...

DE BRICHE. Jusqu'à ce moment, monsieur, ce ne sont pas les personnes qui l'accusent, mais les faits...

CHARLES. Et de quoi, mon Dieu!

Mme PERSCOFF. D'un crime affreux.

CHARLES. Ah! c'est une odieuse imposture, une machination infâme pour flétrir un homme de bien.

Mme PERSCOFF. Il n'y a pas d'imposture, mais des preuves irrécusables.

PRÉCIGNY. Irrécusables, c'est une qualification trop violente, madame Perscoff.

DE BRICHE. Je n'en sais rien; il est vrai cependant qu'il n'y a pas encore de déposition de faite; mais il y a évidence pour moi.

CHARLES. Monsieur, si vous êtes attaché à un premier magistrat comme monsieur vient de me le dire, vos fonctions vous obligent à plus de prudence et de retenue que tout autre.

DE BRICHE. Je ne pense pas que vous ayez la prétention de m'apprendre mon métier, monsieur.

CHARLES. Ah! monsieur, ce mot pourrait faire croire que vous en avez besoin. Est-ce qu'on fait métier de la justice?

PRÉCIGNY. Oh! que voilà un clou bien rivé!

SCENE VII.

Les Mêmes, BURNS.

BURNS, *ouvrant la porte de sa chambre.* Pardon, mille pardons... mais veuillez parler un peu moins haut.

DE BRICHE. C'est monsieur qui par des réflexions inopportunes...

PRÉCIGNY. Tenez, voilà M. Burns.

BURNS. Ah!.. monsieur du Tremble, c'est vous.

CHARLES. Eh quoi, mylord, sir Burns et vous sont une seule et même personne?

BURNS. Je vous expliquerai cela tout-à-l'heure...

Mme PERSCOFF. Voilà le vieux qui est un lord, à présent.

DE BRICHE. Un lord qui se cache, et père sans vouloir le paraître.

BURNS. Pourquoi n'avez-vous pas accepté mes offres à Toulon?

Mme SAINT-ARNAL. A Toulon, à Toulon !...

BURNS, *à Charles.* J'entends du bruit, pardon, je suis à vous à l'instant.

Mme SAINT-ARNAL. Si ce vieux était un échappé du bagne!

Mme PERSCOFF. Au fait, à Toulon...

DE BRICHE. Vous me donnez une idée.

HENRIETTE. M. Édouard est peut-être innocent.

Mme PERSCOFF. Dire qu'il aurait pu épouser la fille d'un.... Voilà ce que c'est que de ne pas prendre garde.

PRÉCIGNY. Un moment donc, n'allons pas si vite avec des propos en l'air.

Mme SAINT-ARNAL, *à Précigny*, C'est vrai, ce cher monsieur, parce qu'on est un lord, ce n'est pas à dire qu'on soit un... C'est qu'il me doit encore le kilot de tabac d'Espagne que miss Fanny m'a demandé hier pour lui.

PRÉCIGNY. Prenez garde que de Briche vous entende.

Mme SAINT-ARNAL. Lui... je lui en ai fait prendre une livre.

BURNS, *revenant.* Elle ne peut reposer, mais elle est plus calme.

DE BRICHE, *à Burns.* Nous vous laissons; si vous avez besoin de nous, nous sommes au salon (*A Mme Perscoff.*) Vous serez plus à votre aise pour causer.

CHARLES, *à sa femme.* Passe au salon avec ces dames, j'irai t'y rejoindre.

SCENE VIII.

CHARLES, BURNS.

CHARLES. Grâce au ciel, nous voilà seuls... j'ai besoin de vous entendre pour me remettre un peu du trouble où m'a jeté l'incohérence, la confusion de leurs discours.

BURNS. Hélas ! je ne peux que vous répéter ce que je vous disais tout-à-l'heure : pourquoi n'avez-vous pas pu accepter les offres que je vous ai faites à Toulon d'épouser miss Fanny! c'était d'elle que je vous parlais, et elle ne serait pas aujourd'hui dans l'état violent de crise où elle est tombée ; je ne serais pas moi-même le plus malheureux des hommes.

CHARLES. Tantôt, en descendant de voiture, j'ai vu en même temps qu'Édouard la personne que vous appelez miss Fanny, brillante de santé, n'éprouvant que le regret que vous ne fussiez pas dans l'hôtel pour entendre plus tôt les bonnes paroles que je venais lui apporter avec tant de joie en faveur de mon ami le plus cher...

BURNS. Ah ! monsieur, votre ami le plus cher n'est pas digne de ce titre... et ce n'est pas sans un vif chagrin que j'exprime un jugement qui doit vous frapper au cœur.

CHARLES. Monsieur, savez-vous qu'Édouard Launay... ? (*Burns veut parler, Charles lui pose la main sur le bras.*) Veuillez ne pas m'interrompre, je vous en supplie. Savez-vous qu'Édouard Launay, depuis le temps que nous avons fait ensemble nos études, subi nos examens, travaillé dans les mêmes hôpitaux; qu'à toutes ces époques il a mérité la distinction de ses maîtres, l'amitié de tous ses égaux, l'estime et la considération de ses supérieurs ? Savez-vous qu'avant son départ pour recueillir la succession d'un de ses parens, nous ne nous étions jamais quittés?

BURNS. Jamais !

CHARLES. Je pourrais répondre de son passé comme lui du mien ; l'on citait son travail opiniâtre comme sa probité scrupuleuse. Si dans la pauvreté Édouard fut toujours honorable, peut-on présumer que le bien-être soit venu changer en six mois de temps sa bonne, son excellente nature.

BURNS. Il y a six mois, dites-vous... six mois seulement... qu'il est devenu riche, et vous ne vous étiez jamais quittés avant cette époque?

CHARLES. Jamais, je vous le répète...

BURNS, *à lui-même.* Et cependant cette agrafe dans ses mains... sa pâleur, lorsque j'ai parlé de l'Irglas; son agitation au mot d'assassinat... son cri d'effroi surtout... (*Haut.*) Il est coupable, il est coupable, vous dis-je, et je le serais moi-même si je lui laissais le soin de se soustraire à la justice.

CHARLES. Ah! monsieur, monsieur.... vous êtes dans l'erreur ; je n'ai jusqu'ici pour le défendre qu'un argument peut-être bien faible à vos yeux, mon amitié, la conviction intime qu'il est incapable d'une mauvaise action... Cet argument ne peut vous suffire, je le sais, il vous faut des preuves de son innocence... Eh bien! accordez-moi, je vous en conjure, une grâce qui vous sauvera le remords d'avoir jeté l'injure et l'infamie à la face d'un honnête homme... attendez jusqu'à demain.

BURNS. Si vous saviez...

CHARLES. Je saurai de lui-même... je suis assuré qu'il me dira tout... oh ! ne faites aucune démarche aujourd'hui... que j'aie le temps de le voir ; il se disculpera, monsieur, il se disculpera !

BURNS. Soit, j'attendrai jusqu'à demain; mais Dieu vous soit assez en aide, et surtout à lui, pour que vous ne le retrouviez jamais, et demain vous sentirez tout le prix du sacrifice que je fais à votre ame candide et généreuse.

CHARLES. Merci, merci, je le ramènerai devant vous, je m'y engage... je le ramènerai.

Il sort.

SCENE IX.

BURNS, *seul, puis* EDOUARD.

Il regarde aller Charles. Launay entre pendant ce temps et s'appuie sur le dos d'un fauteuil.

BURNS. Pauvre jeune homme, va t'épuiser en vaines recherches, lorsque déjà des chevaux rapides emportent le criminel vers un pays où nos lois ne pourront l'atteindre...

ÉDOUARD, *l'interrompant.* Vous vous trompez, monsieur.

BURNS, *avec effroi.* Vous ici!.. qu'y venez-vous faire?

ÉDOUARD, *à voix basse.* J'attendais que tout le monde fût retiré... Charles aussi, pour me présenter...Vous ne m'attendiez pas sans doute?

BURNS. Il est vrai, d'ordinaire les assassins ont plus de prudence.

ÉDOUARD. Aussi en aurais-je davantage si j'étais un assassin; mais je tiens à vous détromper, monsieur.

BURNS, *secouant la tête*. Ne le tentez pas, monsieur, ce serait prendre un soin inutile.

ÉDOUARD. Oh! ne vous pressez pas de me juger, ce que j'ai à vous dire me laisse assez coupable pour qu'on me croie; du reste, la preuve que je n'ai point trempé dans le crime est facile; à l'époque où il fut commis, je me trouvais depuis un an dans les mers du Sud avec Charles, mes états de service en font foi.

BURNS. D'où vous vient alors ce bijou? pourquoi votre trouble en écoutant mon récit?.. il est évident que vous avez eu connaissance du crime, si vous n'y avez pas pris part.

ÉDOUARD. J'en ai eu connaissance.

BURNS. Vous avez remis cette agrafe à miss Fanny comme un héritage de famille; est-ce votre famille que je dois accuser?..

ÉDOUARD *frémit*. Ma famille!... (*A part.*) Je pourrais... (*Après un silence*) Oh! non... (*Haut.*) Non, monsieur, ma famille fut toujours respectée et digne de l'être.

BURNS. Quelle part avez-vous donc eu au crime, malheureux?

ÉDOUARD. J'en ai accepté l'héritage, voilà ma faute; j'avais consignée cela dans ces quelques lignes que je vous adressais d'abord... ne pensant plus vous revoir.... (*Il lui présente une lettre.*) Lisez, monsieur, lisez vite... mes instans sont précieux.... (*Pendant que Burns lit avec tous les signes d'une suprise et d'une émotion toujours croissante le papier qu'Édouard lui a remis, celui-ci ajoute:*) Maintenant, j'ai une restitution à faire... c'est pour cela que je suis venu moi-même... (*Il tire de sa poche un porte-feuille et un écrin.*) Vos quatre cent mille francs ont été placés sur l'état, vous en trouverez là les reçus, avec un acte signé de ma main, qui vous en confère la propriété... l'écrin renferme le reste de ce qui vous avait été enlevé.

BURNS. Monsieur, ce que je viens de lire est tellement étrange... cette restitution est pour moi si imprévue, que je ne sais quels sentimens vous témoigner, et si je dois vous adresser des remercîmens ou des reproches!.. Vous avez commis une faute grave...

ÉDOUARD. Un crime, monsieur, un crime... oh! je ne cherche point à farder la vérité... Après la confidence de Cranou, j'ai lutté quelque temps, mais sans succès; je ne pensais qu'au trésor caché... chaque nuit, je voyais l'Irglas dans mes rêves, j'y apercevais la cassette et le porte-feuille.... Quand un chef brodé d'or me rendait à peine mon salut; quand un équipage m'éclabousait dans la rue; quand une femme élégante passait près de mon humble uniforme sans se détourner, j'entendais une voix qui criait en moi: L'Irglas! l'Irglas!.. là étaient tout! les saluts polis, les équipages, les sourires de femme... Pour devenir riche, il me suffisait comme dans les contes de fées, de dire: Je veux!.. je n'avais, nouveau Moïse, qu'à frapper le rocher, et j'en faisais couler un ruisseau d'or!.. et pour cela, il ne fallait ni tuer, ni parjurer son nom, mais seulement essuyer le sang dont un autre avait taché le trésor, et l'emporter sans rien dire... Je succombai, mais avec ma pauvreté je perdis mon repos; une ombre me suivait partout... à chaque instant il me semblait qu'une voix allait me dire: Rends-moi ce que tu as volé!.. Je me répétais en vain que mes craintes étaient insensées; que le propriétaire de ces richesses ne vivait plus; car, si je n'en avais point été sûr, je crois que je l'aurais cherché pour le tuer! (*Mouvement de Burns.*) Malgré tout, par instans, et sans savoir pourquoi, j'avais peur.... Mais que vous importent tous ces détails, monsieur? le récit de mes tentations et de mes tourmens ne peut intéresser que moi... Pardon, je me retire... (*Il fait quelques pas vers la porte, puis semble hésiter.*) Nous ne nous reverrons plus... (*la voix embarrassée*) l'adieu que je vous fais peut être considéré comme celui d'un mourant... Monsieur, j'aurais voulu... j'avais espéré qu'il ne serait point entendu de vous seul, monsieur.... Oh! qu'elle me jette un dernier coup-d'œil, que je l'entende parler une seule fois... (*Il regarde sir Burns, qui a baissé les yeux à son tour et garde le silence.*) Je comprends, vous me jugez indigne de cette dernière faveur, je n'ai pas droit de me plaindre, il n'y a que ceux qui sont purs qui peuvent exiger la pitié!..

Il va pour sortir; il voit devant lui paraître Fanny vêtue de blanc, les cheveux épars.

FANNY. Arrêtez!..

ÉDOUARD. C'est elle!..

SCENE X.

SIR BURNS, ÉDOUARD, MISS FANNY.

BURNS, *vivement*. Que cherchez-vous ici, miss Fanny?

ÉDOUARD, *avec une douceur suppliante.* Ah! monsieur, par pitié, ne m'enlevez pas cette triste et dernière joie.

FANNY, *jetant un regard suppliant à sir Burns, et les larmes dans les yeux.* Mon père!..

BURNS. Rentrez... je le veux.

FANNY. Ah! mon père!

ÉDOUARD. Miss Fanny, soyez mille fois bénie, car je n'espérais plus vous voir.

FANNY, *sanglotant.* J'ai tout entendu.

ÉDOUARD. Vous me méprisez bien alors?

FANNY. Moi!.. lorsque tu rapportes une fortune à mon père... (*A Burns.*) Méprisable, il eût pris la fuite avec le trésor.... braver le péril de reparaître après la clameur soulevée contre lui, pour le rendre, c'est de la vertu... Edouard!..

Elle se jette dans ses bras.

ÉDOUARD. Fanny!..

FANNY. Oui, de la vertu.

ÉDOUARD. O mon Dieu! tu m'as pris en grâce!

FANNY, *avec amour.* Je t'aime, Edouard! je t'aime toujours.

BURNS, *d'abord muet de stupeur, saisissant le bras de sa fille avec violence.* Fanny... songez-vous bien à ce que vous faites?

FANNY. Laissez-moi, mon père, j'ai promis d'être à lui.

BURNS. Vous êtes insensée!

FANNY. Non... oh! non, ce n'est pas de la folie... c'est le courage de l'amour..... il a bien eu celui du repentir...

BURNS. Monsieur, sur votre tête, laissez cette jeune fille.

FANNY. Ecoutez-moi, mon père; fruit d'un amour secret et malheureux, je n'ai jamais été pour vous qu'un remords ou un embarras... je veux vous en délivrer, mon père; dites-vous qu'aujourd'hui je suis morte; je ne suis plus la fille d'un grand seigneur, mais la femme d'Édouard.... Adieu jusqu'au ciel!

BURNS. Oh! c'en est trop... je ne supporterai pas plus long-temps que vous abusiez de votre puissance sur une malheureuse en délire.

Il lève le bras sur Edouard.

ÉDOUARD. Point de violence, monsieur, point d'emportement inutile; ne craignez rien... le sacrifice, le dévouement sublime de cet ange, je ne peux l'accepter... moi qui n'ai pas voulu vivre pauvre... avez-vous donc pensé que je me résignerais à vivre pauvre et déshonoré?... Oh! non, cet anneau... (*Il le tire de son doigt et va le porter à sa bouche.*)

Vers la fin de cette scène, Charles et Louise ont paru au fond.

SCENE XI.

EDOUARD, BURNS, FANNY, CHARLES, LOUISE.

CHARLES. Arrête, malheureux! (*il lui arrache la bague.*)

ÉDOUARD. Charles!

CHARLES, *s'approchant d'Édouard.* Pauvre, tu ne l'es pas, puisque j'ai de la fortune... déshonoré, la mort n'efface pas les fautes de la vie... (*A Burns, en lui présentant la bague.*) Pourtant, monsieur, si vous pensez autrement...

FANNY. Oh! (*Burns fait un mouvement d'horreur.*) Mon père ne sera pas inflexible plus que la destinée.

BURNS. Je serai juste, ma fille.

SCENE XII.

Mme PERSCOFF, HENRIETTE, DE BRICHE, EDOUARD, CHARLES, LOUISE, BURNS, FANNY, GENS DE L'HÔTEL, PRÉCIGNY, Mme SAINT-ARNAL, UN SECRÉTAIRE.

BURNS. Que signifie tout ce monde?... encore...

DE BRICHE. Monsieur, je me suis fait donner l'ordre de recevoir votre déposition touchant certain vol avec tentative d'assassinat, relatés par vous devant les témoins ici présens, afin de faire chercher le coupable... Eh! le voici!

FANNY Grand Dieu!

ÉDOUARD, *à Burns et à Charles.* Le déshonneur!.. mieux valait me laisser mourir.

BURNS, *gravement et lui prenant la main.* Silence!.. (*A de Briche.*) Il n'y a de coupables, monsieur, que les gens trop pressés d'improviser des accusations; il ne s'agit ni de vol, ni d'assassinat... ce n'est point un procureur du roi qu'il nous faut, c'est un notaire.

ÉDOUARD. Ah! je n'ose croire encore...

BURNS. Loin qu'on m'ait rien volé, je

retrouve des fonds considérables que je croyais perdus, et je donne ma fille en mariage (*il prend la main de Fanny*) à celui qui me les a fait rendre.

Il la met dans celle d'Édouard.

PRÉCIGNY, *à Mme Saint-Arnal.* Comme le nez de de Briche s'allonge! il a de l'humeur...

DE BRICHE. Mais vous-même...

BURNS, *lui présentant un papier.* Voyez, monsieur... (*Il appelle.*) Nous allons partir...

Tout le monde s'est réuni autour du greffier.

DE BRICHE, *rendant les papiers.* Mylord... (*Aux autres.*) Il est en règle décidément.

ÉDOUARD, *prenant la main de Burns.* Oh! comment reconnaître tant de bontés?..

BURNS. Votre conduite en est digne; elle m'a prouvé qu'il n'y avait que de l'égarement où je voyais de la corruption.

ÉDOUARD. Oh! oui, monsieur; et puisse mon exemple être utile à ces ames exaltées que la fièvre d'ambition, ou de bien-être à tout prix, emporte souvent jusqu'au crime!

PRÉCIGNY, *qui s'est placé entre Mmes Perscoff et Saint-Arnal et qui les amène à l'avant-scène.* Vous me croirez si vous voulez, mais il me semble que j'ai lu quelque chose d'une histoire comme celle-là, dans un article de la *Revue de Paris*, par Émile Souvestre.

FIN.

IMPRIMERIE DE Ve DONDEY-DUPRÉ, RUE SAINT-LOUIS, 46, AU MARAIS.

www.ingramcontent.com/pod-product-compliance
Ingram Content Group UK Ltd.
Pitfield, Milton Keynes, MK11 3LW, UK
UKHW021035260726
13994UKWH00005B/2168

9 782329 388502